与大学生谈心
——谈谈我们的信仰与现实

主编　杜学文

山西出版传媒集团　山西人民出版社

图书在版编目（CIP）数据

与大学生谈心：谈谈我们的信仰与现实／杜学文主编．—太原：山西人民出版社，2014.3
ISBN 978－7－203－07784－8

Ⅰ.①与… Ⅱ.①杜… Ⅲ.①大学生－思想政治教育－中国 Ⅳ.① G 641

中国版本图书馆 CIP 数据核字（2014）第 013665 号

与大学生谈心：谈谈我们的信仰与现实

主　　编：	杜学文
责任编辑：	赵虹霞　魏美荣
装帧设计：	张镤尹
出 版 者：	山西出版传媒集团·山西人民出版社
地　　址：	太原市建设南路21号
邮　　编：	030012
发行营销：	0351－4922220　4955996　4956039
	0351－4922127（传真）　4956038（邮购）
E－mail：	sxskcb@163.com　发行部
	sxskcb@126.com　总编室
网　　址：	www.sxskcb.com
经 销 者：	山西出版传媒集团·山西人民出版社
承 印 者：	山西出版传媒集团·山西新华印业有限公司
开　　本：	720mm×1010mm　　1/16
印　　张：	12.75
字　　数：	140千字
印　　数：	1－30 000 册
版　　次：	2014年3月第1版
印　　次：	2014年3月第1次印刷
书　　号：	ISBN 978－7－203－07784－8
定　　价：	25.00元

如有印装质量问题请与本社联系调换

《与大学生谈心——谈谈我们的信仰与现实》
编委会

主　　编　杜学文

副 主 编　贾桂梓

编委会成员（按姓氏笔画为序）

　　　　　　王文亮　王国棉　李国祥

　　　　　　侯玉花　赵树婷　郭秀兰

　　　　　　耿振东　常　瑞　温万名

引言

　　10月的北方,天气清爽,碧水清波。校园里的树,一片墨绿、一片紫红、一片淡黄……爬山虎的枝蔓挂满了墙,可谓红橙绿紫,仪态万方。传媒学院的小李,两年前本科毕业,考上了大学生村干部,在村里任党支部副书记兼团支部书记。今天,他回校看望老师。学校的林荫道上,遇到了经济学院国际贸易专业的学妹小夏。小夏性格开朗,青春活泼,是学校的"校花",而且学习超好,号称"学霸"。去年本科毕业后考取了本校的硕士研究生。于是,他俩一起去国学院教授张老师家。张老师40多岁,口才极佳,著作颇多,从副教授到教授,一路攻城略地,全部破格晋升,是同学们的知心朋友,常在一起聊天。这样,在10月的阳光中,师徒三人在张老师的书房里来了一场"华山论剑"……

目录

第一章 建党伟业
——历史为什么选择了中国共产党 / 001

一、历史在这里拐了个弯 / 003
二、前赴后继的不懈追求 / 010
三、马克思主义在中国的传播 / 012
四、中国共产党登上了历史舞台 / 015

第二章 "其作始也简，其将毕也必巨"
——中国共产党是什么样的党 / 019

一、中国共产党的指导思想是马克思列宁主义 / 021
二、中国共产党的终极目标是实现共产主义，目前的阶段性目标是建设中国特色社会主义 / 027
三、中国共产党代表的是人民群众的根本利益 / 031
四、中国共产党党员是人民群众中的优秀分子 / 036

五、中国共产党是一个不断学习、不断创新、不断发展的党 / 038

六、中国共产党能干成大事 / 044

第三章 九十载艰苦卓绝　九十载荣耀辉煌
　　——中国共产党做了什么事 / 047

一、创建了以马克思主义为指导的先进文化 / 049

二、创建了人民军队 / 050

三、取得了民族解放战争的全面胜利 / 053

四、建立了中华人民共和国 / 056

五、建立了比较完备的工业体系和国民经济体系 / 058

六、推动领导了中国的改革开放 / 062

七、解决了世界上人口最多的国家人民生活的温饱问题，极大地改善了人民的生活 / 064

八、维护了国家的统一和主权的完整 / 067

九、提升了中国在国际社会中的地位 / 069

十、开创了具有典型意义的中国特色社会主义事业 / 071

第四章 中国，我为你骄傲
　　——中国正在复兴 / 075

一、中国的经济越来越强大 / 077

二、中国文化软实力正在产生越来越广泛的影响 / 081

三、中国在国际事务中的作用日益重要 / 086

四、中国将促进人类文明的繁荣进步 / 089

第五章　深化改革　直面挑战
　　——我们面临的考验和挑战 / 095

　　一、把我们党建设成为永葆先进性的政党 / 097
　　二、改革没有休止符 / 101
　　三、解决好发展不平衡的问题 / 107
　　四、只有可持续发展才能保证不断进步 / 114
　　五、认清发达国家的战略意图 / 117

第六章　大学生要发展　离不开正确的价值观
　　——与大学生价值观有关的话题 / 123

　　一、祖国是我们的家园 / 125
　　二、民主是一个过程 / 127
　　三、自由是一种限定 / 132
　　四、市场不是万能的 / 135
　　五、爱有很多层次 / 137
　　六、奉献是一种境界 / 140

第七章　骄子的困惑
　　——解决好大学生面临的现实问题 / 143

　　一、要读书，还要会读书 / 145
　　二、就业是个大问题 / 148
　　三、能力，能力，能力！/ 150
　　四、人人都是社会人 / 153

五、吃点苦怎么了 / 155

第八章　寻找精神家园
　　——大学生为什么要加入中国共产党 / 157

　　一、共产党员应具备什么素质 / 159

　　二、入党是对共产主义理想信念的一种认同 / 165

　　三、入党是奉献社会、服务社会责任感的强化 / 168

　　四、党组织是实现个人价值的重要平台 / 169

第九章　民族复兴　舍我其谁
　　——当代大学生的责任与使命 / 171

　　一、当代大学生应该具备的基本素质 / 173

　　二、对国情民情的正确把握 / 178

　　三、培养面向世界、面向未来的战略眼光 / 181

　　四、传承与创新中华文化 / 185

　　五、为实现中华民族伟大复兴的中国梦而努力奋斗 / 189

后　记 / 191

CHAPTER ONE

第一章　建党伟业
——历史为什么选择了中国共产党

第一章

小　夏：李学兄！怎么跑回学校了？

小　李：夏学妹，好久不见了！国庆放假，我想跟张老师聊聊。

小　夏：拜会老师？好啊！不介意我陪你一起去吧？

小　李：那当然好啦！

小　夏：听说你当上村干部了？做什么工作呢？

小　李：噢，主要负责团的工作。

小　夏：很光荣，重任在肩哪！

一、历史在这里拐了个弯

张老师：你们两个啊！

小　夏：张老师，李学兄已经是大学生村干部了，他是回来向您汇报的。

张老师：我听说了。怎么样，还好吧？

小　李：慢慢适应吧。现在，农村工作的要求也提高了，做起来有一定难度，特别是我们这些刚出校门的学生，没有实践经验。

张老师：哦，没关系，要有一个实践积累的过程。不过，到基层工作我是很赞成的。大学生，在学校学了一些理论知识，再到基层扎扎实实做具体工作，理论才能和实践结合起来。现在国家缺的就是这类人才。

小　夏：看来李学兄的路子是走对了。

张老师：现在，我们不缺有理论的大学生，缺的是既掌握理论，又了解国情，还能把这两个方面很好地结合起来的人。很多人读了一些书，但是没有实践经验，不了解实际情况，工作就做不好。你到了基层，就要抓住这个好机会，锻炼、提升自己的能力。将来，国家靠的就是你们这样的人啊！

小　夏：怪不得看上去长得像个男子汉了。魅力啊！

小　李：我是有许多困惑才回来找老师聊聊的。

张老师：共青团是党联系青年群众的桥梁和纽带，也是党的助手和后备军，团的工作很锻炼人。我觉得，你应该理清认识思路，心里才有底。

小　夏：张老师，那您就给我们讲讲这方面的事吧。

张老师：好吧。我们就说说中国的历史和现实，也许能获得一些启示。

小　夏：中国的历史很悠久啊。

张老师：确实是。中国的历史不仅很悠久，而且在人类文明的发展进程中作出了非常关键、非常重大的贡献。

小　夏：可我们现在还是比较落后的。

张老师：这当然不可否认，这是由各种复杂因素造成的，我们慢慢会谈到。我首先要强调的是，中国最早建立了统一的国家政权，自秦始皇统一六国后，这种模式就成为中国国家形态最基本的模式。17、18世纪时，有很多西方的传教士来到中国，发现中国地域广阔、政权统一，感到非常吃惊。

小　李：我从书上了解到，那时仅现在的德国地区就有300多个国家。

张老师：对。再就是，我国的许多重大科技文化成果对人类发展进步的意义重大。

小　夏：您说的是"四大发明"吧！

张老师：包括"四大发明"。我们不能仅仅从技术的角度来理解，它们还具有非常重要的文化意义，马克思、培根等人就曾特别论述过"四大发明"的文化意义。马克思在《机械、自然力和科学的运用》中写道："火药、指南针、印刷术——这是预告资产阶级社会到来的三大发明。火药把骑士阶层炸得粉碎，指南针打开了世界市场并建立了殖民地，而印刷术则变成了新教的工具，总的来说变成了科学复兴的手段，变成为精神发展创造必要前提的最强大的杠杆。"比如在西方，印刷术传入后，《圣经》被大量印刷，在普通教徒中广为传播，神职人员的垄断地位被打破，欧洲人的思想得到解放。这就是这种技术的文化意义。

小　李：那就是说，假如没有发明印刷术，人们就不可能广泛地阅读，世界也就是另一种面貌了。

张老师：所以，培根在他的《新工具》一书中说，这些发明改变了整个世界的面貌和事物的状况。其实不只是我们熟知的"四大发明"，英国工业革命中，也有许多中国的因素发挥了重要作用，比如纺织技术、动力机械、采煤技术等，有人考证就是从中国传入欧洲的。

小　夏：张老师，您不是讲神话吧？

张老师：西方的一些学者对这些科技成果的传播进行了严谨的考证，比如彭慕兰、李约瑟、尼尔·弗格森等人。英国最著名的历史学家尼尔·弗格森在《文明》一书中说，虽然1650年以后持续了大约两个半世纪的科技革新几乎全部起源于西方，但是，在16世纪初，甚至更早的时间内，中国科技、印度数学、阿拉伯天文学数世纪以来一直领先于西方。

小　夏：这方面的知识我也知道一些。

张老师：中华文明是典型的农耕文明，这与欧洲的文化不同。比如，由于农耕周期比较长，人们需要定居生活，这样，人们对家乡、血缘、家族的重视程度就比较高，对自然与人之间的关系也非常重视。中华文明的一些核心价值观如仁、礼、道、孝、天人合一等就成为人们潜意识中遵循的东西。

小　李：直到现在，我们也很重视这些内容。

张老师：简单地说，中华文化主要就是关于人与社会、自然如何和谐共处的文化。比如说"仁"，从其字形构成来看，体现的就是自己与别人的一种良好关系，即是一种"二人"关系。不仅要考虑自己，还要考虑他人，这是中华文化最重要的范畴。"仁者为人"，就是说，你能够很好地处理自己与他人的关系，才算是"人"。

小　李：天人合一，讲的就是人与自然的关系了。

张老师：对。中华文化是把人与自然看作一个整体来对待的，人是自然的一部分，也要遵循自然的规律。没有自然的存在，人也不存在。

小　夏：这与西方的自然观不同啊！

张老师：对。西方，特别是欧洲，其自然状况与我国有很大的不同。比如，环海而成、腹地河流、山脉分割，还有许多低地，如荷兰，要靠拦坝才能把海水与陆地隔离开来。其中许多地方纬度较高，比较寒冷。重要的是其物产分布不均，所以要靠贸易来保证生存所需。这样的自然环境就形成了人与自然之间的对立关系，人要靠与自然抗争才能生存。

小　李：是不是可以这样说，欧洲独特的地理环境形成的是一种"对抗"文化，人要战胜自然才能求得生存。中国的地理环境形成的是一种"和谐"文化，人不仅要与其他人和谐，也要与自然和谐，才能发展。

张老师：你的归纳很有道理。比如在中华文化中，由于强调和谐共处，所以对外来文化有一种包容吸纳的精神。而在欧洲，基本上突出的是排斥、对立。你看整个欧洲的历史也可以概括为一部宗教史，是不同的宗教，以及同一宗教不同教派之间的对抗甚至因宗教引发战争的历史。

小　夏：确实是这样的。文化不同，处理问题的思路、方式也就不同。

张老师：对。第四个方面就是由于中国特殊的地理环境、生产生活方式，以及文化，至少在两千年左右的时间里，我国的经济、社会、文化都是世界上最重要的，或者说是最发达的。资料显示，直到1840年，中国仍然是世界上经济规模最大的国家，GDP占世界总量的1/3，也有说1/4的。

小　李：那就是说，中国当时是世界第一的经济强国？

张老师：对。可以肯定，当时中国的经济规模是世界各国中最大的。

小　夏：可是1840年之后，中国却沦为半殖民地半封建国家。

张老师：这就是历史的悖论。我觉得要从历史发展的大背景和历史形成的综合因素来考察。

小　李：那您就给我们谈一谈吧。

张老师：首先是中国在强盛时期，创造了灿烂的文明，这些文明成果对人类文明的发展产生了重要影响。比如指南针的出现，为大航海时代的开始创造了条件。而15世纪是一个关键点，就是由郑和以及哥伦布等人为代表的大航海开始，改变了世界发展的方向。在此之前，以中国为代表的农耕文明达到了最繁盛的阶段。大航海时代的开启促进了世界各地经济、科技、文化的交流。而中国由于自身的繁荣富裕，郑和的大航海只是宣扬中国的德政，主要任务不是贸易，也不是开拓殖民地。相反，西方的大航海，主要目的是贸易和开拓殖民地，通过贸易换取自己没有的物资，通过殖民掠夺殖民地的财富与人口。

小　李：这二者是截然不同的。

张老师：18世纪，在欧洲出现了一股"中国热"。由于世界航道的开通、交流的强化，特别是西方传教士在东方传教，发现了东方文明的灿烂。他们把东方，特别是中国的文化、科技、政治制度、生活方式等介绍到西方，在西方出现了用东方文明启蒙的现象。

小　夏：哦，是否就像我们国家改革开放初期，人们学习发达国家的经济、科技、文化一样？

张老师：有些相似。东方文化的输入，加上欧洲各国的努力，这两者结合起来，使欧洲发生了翻天覆地的巨变。首先是思想的大解放，就是从神学体系中解放出来；其次是财富快速增加；最重要的是，生产力得到飞速发展，以至于引发了工业革命。

小　夏：我认为工业革命在人类发展史上具有划时代的意义。

张老师：的确是这样的。这标志着一种新的生产方式、社会结构、价值体系的产生。工业革命带来人类社会的根本性变革：生产效率大大提高，资本积聚的规模空前扩大，社会产品极大丰富，人们的生活方式也发生了前所未有的改变。结果是，西方终于走到了人类社会发展的前列。与此同时，中国仍然在农耕文明的模式中发展，没有发生从农耕文明向工业文明、传统国家向现代国家的自觉转变。

小　李：这是为什么？

张老师：中国曾经是世界上最富裕、最发达的国家，但是为什么工业革命没有在中国发生，这是一个世界性的课题。当然其中的原因有很多，我以为也可以从中国的文化传统中找到一些原因。比如，中国人是讲节用的，就是说，够我用就可以了，不强调要占有太多的财富。中国人讲究人与人、人与自然的和谐，认为只有这样才是遵循了事物存在的规律，也就是"道"。但是资本要求不断地扩大再生产。要扩大再生产，就要消耗更多的资源，对环境造成破坏。中国文化讲究公平，所谓"不患寡而患不均"。但是，资本天然地要求保证自己获得最大的回报，这样势必要降低生产成本，减少劳动力的收益，造成了更大的贫富差距，等等。所以，在没有外力的刺激下，不会自发地进行改变。

小　李：我觉得张老师的分析很有道理。

小　夏：那么是不是可以说，中国的落后、挨打与这种工业革命带来的生产方式、社会结构等的变革有密切的关系？

张老师：我认为关系很大。所以，以1840年的鸦片战争为标志，历史在突然之间发生了根本性变化。中国的经济规模虽然还很大，但已经不能适应新的发展要求。工业革命以来形成的工业文明对我们一直以来遵循的农耕文明形成了颠覆性的冲击。中国在原有的发展轨道上已经不能继续，历史在这里拐了个弯。从那时以来，中国就进入一个非常痛苦的落后、挨打、软弱的时期，也就是我们所说的半殖民地半封建社会。

二、前赴后继的不懈追求

小　夏：张老师，您谈的这些，我听了之后感到心情很复杂。

小　李：我们的祖先曾经创造了多么灿烂的文明！可是今天很多人对这些却不太了解。

小　夏：这么一个伟大的民族，这么灿烂的文化，却要经历一段屈辱的历史，让人非常非常难过。

张老师：所以，同学们，一定要清楚我们的历史，一定要学好本领，报效国家。你们一定要清楚自己肩负的是我们民族的希望，是我们民族多少代人不懈努力、奋斗、流血、牺牲才有了今天的局面。这种希望就是中华民族伟大复兴的希望；这种局面就是中国终于走上了一条使自己的国家强大、人民幸福的正确道路。

小　李：我认为，近代以来中国的历史，是一段屈辱的历史，但也是中华民族追求独立、自由、解放、复兴的悲壮史。

张老师：鸦片战争的失败对中华民族来说，是屈辱的，但也唤醒了在昔日繁华中沉睡的人们。中国人开始反思自己为什么失败，并进行了不懈的努力。

小　夏：在这一系列的历史事件中，中国与西方的关系发生了重大改变。在全球大格局中，中国的发展不再领先，而是落后了。西方国家在工业革命后得到快速发展，中国成为落后挨打的国家，签订了一系列不平等条约，国家的主权、经济命脉、领土完整等都受到极大的损害。

张老师：自《南京条约》之后，清政府又先后被迫与美国、法国、德国、俄国、日本等国签订不平等条约。如1895年中日《马关条约》，规定中国割让辽东半岛、台湾岛及其附属岛屿、澎湖列岛，赔偿日本军费2亿两白银，开放通商口岸等。帝国主义国家从此掀起了瓜分中国的狂潮。据统计，在100多年的时间里，清政府、民国政府与各帝国主义列强签订了数百个不平等条约，其中最重要的有20多项，无一不是割地、赔款、让权。

小　李：回顾中国的近代史，确实是中国从辉煌的顶峰跌落后的屈辱史，但我认为也是中华民族前赴后继、不懈奋斗的求索史。

张老师：的确如此。追想这些历史事件，我们应该知道，在那个风雨如晦的年代，为改变中华民族的命运，无数仁人志士进行了千辛万苦的探索和不屈不挠的斗争。不甘屈服的中国人民一次次抗争，又一次次失败。在这艰难漫长的进程中，各种运动、事件的出现，虽然都代表了不同阶级的需求、利益，其出发点不同、方式方法不同，但有一点是共同的，就是希望改变中国落后、挨打的状况,使中华民族能够屹立于世界民族之林,实现国家的富强、民族的复兴。

小　李：我们应该站在中华民族命运的高度去审视我们的历史。

张老师：回顾和总结历史,我们可以得出这样的结论:事实说明,不触动封建根基的自强运动和改良主义、旧式的农民战争、资产阶级革命派领导的革命、照搬西方资本主义的其他种种方案,都不能完成中华民族救亡图存的民族使命和反帝反封建的历史任务。要解决中国发展进步的问题,必须找到能够指导中国人民进行反帝反封建革命的先进理论,必须找到能够领导中国社会变革的先进社会力量。

三、马克思主义在中国的传播

小　李：那段岁月是中国经济停滞、政治黑暗、思想混乱、文化迷茫的一段岁月。国家向何处去?没有人能够回答;怎样才能走向现代化的通途?也没有人知道。似乎整个中华民族全然失去了方向。

小　夏：失去精神舵手的民族,是极其痛苦的民族。

张老师：思想武器成为这一时期中华民族最急缺和最宝贵的资源。就在这一背景下,《新青年》杂志应运而生。

小　夏：这我知道,20世纪的100年间,中国的期刊多达1万种以上,但无论哪一种期刊,其历史地位都比不上《新青年》。石钟扬先生尊《新青年》为"天下第一刊"。

张老师：非常正确，《新青年》是中国现代史上最有影响的革命刊物之一，吹响了新文化运动的号角，对中国文化现代转型的影响巨大而久远。从1918年之后，它由一个宣传资产阶级民主主义思想的刊物，逐步转变成一个宣传马克思主义的刊物。马克思主义在中国最早的传播，是与《新青年》紧密联系在一起的。一本刊物具有这样的意义，在中国革命史上是绝无仅有的。

小　夏：一本刊物有这么深远的影响，真有些不可思议啊！

小　李：陈独秀、李大钊、鲁迅、钱玄同、胡适、刘半农、沈尹默、高一涵等都担任过《新青年》的编辑。

小　夏：好厉害啊！全是那个时代我们民族的杰出代表！

张老师：《新青年》的历史贡献和历史意义，概括起来有两个方面：第一，《新青年》的创刊，揭开了新文化运动的序幕，翻开了五四新文化运动的第一页。第二，《新青年》开创了马克思主义在中国传播的先河，它是最早系统介绍和传播马克思主义的刊物，对中国共产党的诞生起到了思想先导的作用。我们党早期的领导人大都是从那里学习了解马克思主义的。

小　夏：新文化运动就这样拉开了序幕。

张老师：新文化运动是一场思想解放运动。陈独秀、胡适、鲁迅等人是新文化运动的核心人物，这一运动成为五四运动的先导。

小　李：新文化运动主要分为两个时期，前期的文章主要是提倡科学与民主，反对专制、愚昧和迷信；提倡新道德，反对旧道德；提倡新文学，反对旧文学。这些文章成为发起和推动新文化运动的号角，对整个中国思想文化界产生了巨大的影响。后期的文章主要是宣传俄国十月革命的胜利，中国的先进分子不约而同地把眼光从西方转向俄国，宣传马克思主义。

小　夏：马克思主义在中国的传播也不是一帆风顺的呀！

张老师：当然不是。在传播马克思主义的过程中，早期马克思主义者为了捍卫马克思主义的基本原则，为了坚持无产阶级政党的根本性质，同各种资产阶级思潮、反马克思主义的思想作了坚持不懈的斗争。

小　李：马克思主义并不是在一开始就被广泛接受和认可的。在当时的中国社会涌现出各种各样的标榜和宣扬社会主义的思想，马克思的科学社会主义与无政府主义、工团主义、基尔特社会主义、新村主义、空想社会主义以及托尔斯泰的不抵抗主义等号称"社会主义"的思想在社会上流行。可谓众说纷纭，真伪难辨。

张老师：确实是这样的，当时的中国思想界有过几次大的论战，问题与主义之争、社会主义论战、同无政府主义的论战。但通过这些论战也影响和推动了一批革命知识分子走向共产主义道路，奠定了早期共产主义运动的基础，为中国共产党的成立提供了必要条件。

在这些思想界的大论战中，马克思主义和无政府主义的论战是较为有名的。通过这场论战，基本划清了马克思主义与无政府主义之间的思想界限，初步确立了马克思主义在当时中国思想文化领域的重要地位，为正处于建党过程中的马克思主义政党奠定了十分重要的思想基础。在马克思主义传播的初期，其中最值得关注的就是1919年的五四运动，促进了马克思主义与工人运动的结合，使中国革命进入新阶段。

小　李：当时，各地学生纷纷响应北京学生的反帝爱国斗争。天津学生在周恩来等人领导下举行示威游行，长沙学生在毛泽东等人领导下举行集会和示威游行。

张老师：五四运动是一次彻底的反对帝国主义和封建主义的爱国运动。在这次运动中，中国无产阶级开始登上了政治舞台，并且表现出伟大的力量。

小　夏：五四运动在中国民主革命史、中国青年运动史和中国近代发展史上都具有重要的里程碑意义。

张老师：毫无疑问，因为它促进了马克思主义在中国的广泛传播，使工人阶级第一次独立登上了政治舞台，为中国共产党的成立打下了基础，为我国反帝反封建的革命开辟了广阔的道路和前景，是我国历史的一个转折点和新开端，对于中国后来发展道路的形成具有十分重要的意义。五四运动及其后马克思主义在中国的传播，使人们清醒地认识到：中国需要马克思主义，中国必须走社会主义道路。

四、中国共产党登上了历史舞台

小　李：随着马克思主义在中国的传播，许多杰出的无产阶级革命斗士开始走向成熟。

张老师：毛泽东同志曾经说过："到了1920年夏天，在理论上，而且在某种程度的行动上，我已经成为一个马克思主义者了，而且从此我也认为自己是一个马克思主义者了。"毛泽东并不是一个天生的马克思主义者,而是在探索救国救民真理的艰辛历程中,才找到了马克思主义这个理论武器。从湖湘文化的熏染,到求学时期唯物主义思想的萌芽,再到五四前后对各种社会思潮的批判,青年毛泽东初步悟出只有马克思主义才可以救中国的道理。与此同时,陈独秀、李大钊等马克思主义者的思想影响推动着青年毛泽东实现思想的转变。

小　李:毛泽东青年时就把自己的所学和当时中国的社会局势相结合,树立了伟大志向,萌生了强烈的爱国主义思想和激越的救世情怀,激发了以天下为己任的豪情壮志。因而他能在橘子洲头发出"问苍茫大地,谁主沉浮"的强劲呼声,展现了"书生意气,挥斥方遒,指点江山,激扬文字"的凌云气概。正是在这种强烈的历史责任感推动下,青年毛泽东不断探索救国救民道路,最终选择了马克思主义。

小　夏:青年毛泽东成长为马克思主义者的过程中,有哪些人对他产生过重要影响呢?

张老师:青年毛泽东在学习和接受马克思主义之前,从孔孟儒家到宋明理学,从康有为、梁启超、谭嗣同、严复、孙中山到陈独秀、李大钊,从达尔文的进化论、康德的二元论到欧洲的民主主义、空想社会主义都曾有过程度不同的接触和研究。《新青年》创刊后,毛泽东很快成了它的忠实读者,他开始受到胡适、陈独秀、李大钊等人的影响。他曾经说过:"有一段时期,他们代替了康有为和梁启超,成为我的楷模。我早已抛弃康梁二人了。"可以说,李大钊、陈独秀等人在毛泽东向马克思主义转变过程中起到了重要的导航作用。

值得注意的是，青年毛泽东曾经说过："我第二次到北京期间，读了许多关于俄国情况的书。我热心地搜寻那时候能找到的为数不多的用中文写的共产主义书籍。有三本书特别地铭刻在我的心中，建立起我对马克思主义的信仰。这三本书是：《共产党宣言》、《阶级斗争》和《社会主义史》。"

小　李：《共产党宣言》第一个中文全译本在中国正式出版，掀起了马克思主义在中国传播的新高潮。它在中国共产党创建过程中有极其重大的历史性作用。从中共一大确立的党的名称和党纲来看，中国共产党从一开始就是按《共产党宣言》的基本原则组建的。

张老师：的确如此，我们再来回顾一下中共一大召开的那段历史吧！

小　夏：嘉兴南湖的红船，我去那里参观过。

小　李：从1920年夏到1921年春，中国共产党早期组织在上海、北京、武汉、长沙、济南、广州等地以及赴日、旅欧留学生中相继成立。一方面，革命的知识分子深入工人群众，参加实际斗争，思想感情发生深刻变化，成长为无产阶级的先锋战士。另一方面，工人群众阶级觉悟提高，涌现出一批有共产主义思想的先进分子。建立全国统一的无产阶级政党的条件日益成熟，召开全国代表大会的计划也在建党骨干中开始酝酿。

张老师：1921年7月23日晚8点，中国共产党第一次全国代表大会第一次会议在上海法租界望志路李汉俊的哥哥李书城家里召开。参加大会的有毛泽东、董必武、陈潭秋、何叔衡、王尽美、邓恩铭、李汉俊、李达、刘仁静、张国焘、陈公博、周佛海共12人，代表全国50多名党员。

小　李：7月31日，代表们在嘉兴南湖一只游船上召开了一大的最后一次会议。下午6点多钟，会议完成了全部议程，胜利闭幕，庄严宣告中国共产党成立！会议结束后，代表们先后悄悄离船，当夜分散离开了嘉兴，他们把革命的火种带向全国各地，中国的历史从此写出全新的篇章。

张老师：中国共产党的诞生意味着一个新的革命火种在沉沉黑夜中点燃了。从此，在古老落后的中国出现了完全新式的、以马克思列宁主义为行动指南的、以实现社会主义和共产主义为奋斗目标的统一的无产阶级政党。毛泽东同志后来说："中国产生了共产党，这是开天辟地的大事变。"

小　夏：我们回头来看这段历史，只能得出这样一个结论：中国共产党的诞生，是近现代中国历史发展的必然产物，也是中国人民在救亡图存斗争中顽强求索的必然产物。

CHAPTER TWO

第二章 "其作始也简,其将毕也必巨"
——中国共产党是什么样的党

第二章

一、中国共产党的指导思想是马克思列宁主义

张老师：你们看过《建党伟业》这部电影吗？

小　夏：当然看了！没想到中国共产党的成立经历了这样一个波澜壮阔的历程。

张老师：事实上，电影只是选取了几个节点，深刻再现了中国共产党成立的光辉历史。

小　李：张老师，19世纪末20世纪初的中国，正处于水深火热之中。那时，先进的知识分子都在通过不同的途径寻找救亡图存的道路，各种社会思潮同时涌现出来，如无政府主义、实用主义、马列主义等。为什么马列主义成为中国共产党的指导思想，而不是其他的什么主义呢？

小　夏：是啊！据有关资料显示，中国共产党第一次全国代表大会召开之时，全国各地52名党员中，不同程度地受到过无政府主义影响的有22人之多。以至于有学者认为，当时中国"越是先进的知识分子，接受无政府主义影响的比例就越大"。

张老师：无政府主义确实对当时的中国社会产生了深远而广泛的影响。但我们必须看到，这种思潮是一种小资产阶级的社会政治思潮，它反对一切权力与权威，否认一切国家政权与社会组织形式，主张绝对的个人自由，要求建立无命令、无权力、无服从与无制裁的"无政府"社会。

小　李：我感到无政府主义对冲击封建政治和礼教方面有积极作用，对当时的青年起到一定程度的思想启蒙作用。但它是不

现实的，当然也难以在实践中产生积极的成效。

张老师：是这样的。所以，无政府主义思潮尽管在当时有积极的一面，但它仍难逃消亡的命运。1924年，第一次国共合作形成后，无政府主义开始走向衰落，逐渐退出了中国的历史舞台。

小　李：既然无政府主义无法实现，不实用，那么，实用主义呢？在五四新文化运动时期，许多较为开明和进步的知识分子对实用主义在不同程度上抱有好感，就连我们党的早期领导人陈独秀早年也接受了实用主义的某些观点。

小　夏：是啊。比如，美国在目前仍是世界上最发达的国家，从美国的发展历程看，实用主义价值观促进了美国的发展壮大。作为一种行动、"生活"的方法，实用主义已经被美国人普遍接受，成为美国精神的一个重要组成部分，并为美国国家与社会的发展起到有价值的"引领"作用。即使在现代社会，实用主义的影响也非常大。我身边的好多同学在为人处世过程中都自觉不自觉地体现出实用主义的倾向。

张老师：实用主义确实是一种具有广泛影响力的社会思潮，但它却不是科学的社会思潮，不能解决中国的问题。随着五四运动的深入，在与实用主义、无政府主义等社会思潮的斗争中，马列主义逐渐深入人心，最终被先进的知识分子接受，成为中国共产党的指导思想。"山穷水尽诸路皆走不通"，毛泽东用形象的10个字，概括了近代以来仁人志士探索民族复兴之路的艰难历程。《中国道路——中国共产党的思想历程》中说："中国人民是在找到了马克思主义后，才有了一个正确的目标和方向。中华民族复兴的新道路也是从这里起步的,有了马克思主义,中国共产党奋斗的动力和方法也就找到了……马克思主义是认识、理解和开启中国道路的一把钥匙。"

小　夏:为什么这么说呢?

张老师:中国革命的先进分子最终接受了马克思主义,是因为马克思主义所包含的真理对解决中国的现实问题有非常重要的指导意义。

小　夏:张老师,您具体谈一下。

张老师:马克思主义理论主要针对的是资本主义发展后,引发了更严重的社会不公。一方面是社会财富积累更快,超过了之前人类创造财富的一切总和;另一方面是资本及其所有者对劳动者的剥削、控制、异化表现得更加严重。马克思研究了资本的本质,发现了其增值的秘密,创立了剩余价值学说和唯物史观,并把社会主义思想置于这两大理论基石之上,使社会主义实现了从空想到科学的飞跃,从而科学地揭示了人类社会历史发展的规律。马克思主义不仅指出了资本及其构成的资本主义社会的弊病与罪恶,而且号召无产阶级通过自身的斗争推翻资本主义,建立社会主义,并最终走向消灭阶级、消灭剥削、实现人的全面自由发展的共产主义社会。这是马克思主义的核心。

小　夏:但中国是一个资本主义经济不发达的国家,为什么当时那些先进分子能够接受马克思主义呢?

张老师:中国确实是一个资本主义没有得到充分发展的国家。但是,有这样几个问题需要我们特别注意:一是从中国所处的国际环境来看，中国的半殖民地社会是资本主义及其发展而形成的帝国主义势力对中国的侵略、掠夺导致的。刚才我们所说的各种不平等条约都是帝国主义列强通过武力强加于中国的，这也是资本疯狂扩张，掠夺殖民地人民财富的一种典型表现。由于中国地域广阔、文化深厚、人口众多，帝国主义列强还不可能使中国完全殖民化，但是，已经形成了半殖民化局面。在这种历史条件下，中国的主权、治权，以及经济、政治、文化、军事等都失去了独立性。中国人民创造的财富被帝国主义列强掠夺，造成了严重的不公平。

小　李：那些不平等条约最突出的一点就是让中国割地、赔款。

张老师：除了这些之外，比如税收，我们也失去了自主权。所以反抗帝国主义的侵略是中国救亡图存的主要任务。第二个方面，是从中国国内的情况来看，在20世纪初期，中国的现代工业也得到比较快的发展，特别是一些买办资本、官僚资本发展较快。这些资本与原来的大地主阶级一起对普通劳动者形成新的剥削。国内的不平等问题、压迫与剥削的问题表现得空前严重。与此相应，中国的工人阶级也逐步形成，特别是在诸如上海、北京、武汉、南京、广州等工商业比较发达的大城市，工人已经成为社会的中坚力量。

小　李：这就是说，马克思主义传入中国，并被中国的先进分子所接受，与中国当时的发展现实要求是一致的。

张老师：对。但是，还不仅如此，还有第三个方面，就是马克思主义的基本立场、基本原理和基本方法所表现出来的正确性。首先，马克思主义所要建立的社会是一个公平、公正的，能够实现人的自由而全面发展的社会，直到现在，这仍然是一个理

第二章 "其作始也简，其将毕也必巨"

想中的社会。但是这一理想社会是反映了人类普遍理想的社会。也就是说，不论哪里的人、哪国的人，都认为这是一个符合人的尊严、幸福的社会。当然，对中国人来说，是一个更愿意接受的社会，也就是我们所说的共产主义社会、大同社会。

小 李：大同社会就是中国传统文化中构筑的理想社会。

张老师：对。但是我们还不能简单地把大同社会与共产主义社会画等号。它们有许多相似的地方，但这是不同历史条件下的不同产物。其次，马克思主义强调的社会发展的先进力量是无产阶级。无产阶级通过斗争，包括使用革命这种斗争的最高形式来推翻资产阶级的统治。无产阶级的斗争必须由无产阶级政党来领导，其建立的国家政权必须是无产阶级政党领导，实行无产阶级专政的国家形态。虽然当时的中国无产阶级还不是最大的阶级，但是我们要注意几个问题：第一，虽然无产阶级不是当时中国最大的阶级，却是代表先进生产力的阶级；第二，以工人阶级为代表的无产阶级与人数更广大的农民阶级同样都是处于社会底层，是被剥削、被压迫的阶级。他们在社会理想、经济利益等方面是一致的，因而是与资产阶级进行斗争的主力军。

小 李：就是说，实现社会平等，就是要让这些受剥削、受压迫的阶级，包括农民、工人等劳动者从资产阶级的统治下解放出来，使他们有自由劳动、自主发展、平等互利的社会基础。

张老师：或者也可以说，他们的解放、发展才是衡量一个社会平等、进步的标准。这一点体现了马克思主义的道德正义，也是中国共产党之所以能够得到人民群众拥护的思想基础。再次，是马克思主义的方法，也就是唯物辩证法，是我们观察问题、认识问题、解决问题的根本方法。马克思主义的方法论不是僵化的、机械的、教条的，而是注重事物的发展、运动，以及矛盾双方的相互作用。具体来说，欧洲有欧洲的情况，比如工业革命后，工业化水平较高，社会生产的规模较大，相应地，全球化程度也比较广泛，而中国则不然。如果我们机械地运用马克思主义的某一种观点，脱离了中国的实际，就会出问题。

小　李：由此看来，中国共产党之所以以马克思主义为指导，是因为马克思主义本身具有正确性、科学性，它对解决中国问题具有现实性和针对性。

张老师：我们党将马列主义作为指导思想，主要是运用马列主义的立场、观点、方法来看待问题，将马列主义的基本原理与中国的国情相结合。

小　李：也就是说，只有将马列主义与我国的国情相结合，才能真正发挥科学理论的指导作用。

张老师：是的。我们在不同的历史时期，都非常注重将马列主义的基本原理与我国的国情相结合。大革命失败后，我们党痛定思痛，选择独立领导武装革命，走出了"农村包围城市"的中国革命道路。1928年，井冈山条件艰苦，强敌环伺，但毛泽东却充满自信："20年后，革命一定能够胜利！"共产国际一度包办中国革命，加之党的错误路线，导致第五次反"围剿"失败，迫使红军踏上漫漫长征路。历史转折关头，毛泽东等力挽狂澜，拯救了党、红军和中国革命，中国共产党人在遵义会议后逐步走向成熟。1945年，中共七大第一次明确以毛泽东思想作为一切工作的指针，回答了中国要进行一个什么样的革命、如何进行这一革命、革命后要建立一个什么样的国家等一系列问题。中华人民共和国成立前夕，美国著名记者斯诺曾预言："中国将成为一个共产党治理下，不跟着莫斯科指挥棒转的大国。"这是一个成功的预言。从最初借鉴苏联社会主义建设模式，再到建设中国特色社会主义，执政后的中国共产党，始终坚定地探索"自己的路"。

小　李：在中国共产党成立90周年之际，俄罗斯科学院远东研究所所长米哈伊尔·季塔连科说："中国成功的根本原因在于中国共产党能够按照变化了的时代条件，及时平稳地调整党和国家的发展政策，用不断创新的中国化的马克思主义指导实践。"

张老师：建设社会主义，实现共产主义是一个漫长的历史进程。在这一进程中，中国共产党要不断地面对新问题，解决新问题。但是，我们党始终不能丢的指导思想是马克思主义，以及随着中国的实践形成的毛泽东思想和中国特色社会主义理论体系。

小　夏：正是由于我们党始终注重把马克思主义基本原理同中国实际相结合，同时代特征相结合，我们党才能选择正确的发展道路，永葆生机和活力，我国的社会主义现代化事业才能从胜利走向新的胜利。

二、中国共产党的终极目标是实现共产主义，目前的阶段性目标是建设中国特色社会主义

张老师：新中国成立以来，尤其是改革开放30多年来，我国的

社会主义现代化建设取得了举世瞩目的成就，综合国力显著增强，人民生活也得到极大改善，中国特色社会主义事业蓬勃发展。

小　　夏：确实如此。世界各国都对我国取得的巨大成就感到钦佩。

小　　李：尽管中国特色社会主义建设事业取得了巨大的成就，但这仅仅是万里长征的第一步，我们还有很长的路要走。

张老师：没错。取得中国特色社会主义现代化建设事业的胜利，仅仅是我们党的阶段性奋斗目标。按照马克思、恩格斯的设想，共产主义社会是人类历史上最美好的社会。我们党也把实现共产主义作为最终奋斗目标，写入了《党章》。十八大修改后的《党章》也重申，党的最高理想与最终目标是实现共产主义。

小　　夏：我感觉，共产主义社会是非常遥远的理想社会。有外媒曾经认为，"中国只是名义上的共产主义"。当东欧剧变和苏联解体发生的时候，美国前总统老布什曾在耶鲁大学毕业典礼上情不自禁地说："铁幕消失了，柏林墙被推倒了，同它一起崩溃的是一种叫共产主义的意识形态神话。"所以，我认为，现在谈共产主义似乎有点空想的意味。

张老师：共产主义社会是我们的终极奋斗目标，需要长期努力才能最终实现。我们现在所做的一切都是向着这个目标努力的。中国共产党在建立之初，就提出要推翻资产阶级政权，由劳动阶级重建国家，承认无产阶级专政，直到阶级斗争结束，即直到社会的阶级区分消灭为止。这里就包含了党的最终目标与阶段性目标。

小　李：我看过党的第一次代表大会确定的中国共产党第一个纲领，实际上也明确了最终目标与阶段性目标。其中提到要"推翻资本家阶级政权"，就是阶段性目标；"直到社会的阶级区分消灭为止"，就是最终目标。

张老师：这二者并没有矛盾，是统一的。马克思、恩格斯在批判旧世界的基础上，提出要最终实现共产主义社会。但是，他们也清醒地指出，要进行无产阶级的斗争，在推翻资本主义社会的同时，建设社会主义社会。这是一个漫长的过程。如果只有最终目标，而没有阶段性目标，我们的努力就可能变成真正的"空想"。但是如果只有阶段性目标，而没有最终目标，就可能失去前进的最终方向。我们党之所以能够成功，能够长盛不衰，其中一个重要原因，是党总是抱定一个最终目标，根据社会实践的变化，及时调整自己的阶段性奋斗目标，一步一步接近和最终实现自己的理想。

小　李：的确是这样的。抗日战争时期，我们党团结动员全国各民族人民投入反法西斯战争，要解决的急迫问题是争取国家的独立，取得抗日战争的全面胜利。这就是我们的阶段性目标。

张老师：随着情况的发展变化，我们必须解决面临的新的重大问题。新中国成立后，我们党在建设社会主义的历史进程中，对社会主义本身的认识也不断深化。党的十八大指出要坚定不移地沿着中国特色社会主义道路前进，为全面建成小康社会而奋斗，就是明确了目前全党全国人民的阶段性任务。事实上，在建设中国特色社会主义的进程中，我们党根据我国的国情，不断调整奋斗目标。从我们都熟知的实现"四个现代化",到建设小康社会,到全面建成小康社会和社会主义和谐社会,再到实现中华民族伟大复兴的"中国梦",我国的奋斗目标也在不断深化。

小　夏：我看到美国有线电视新闻网(CNN)曾这样描述中国共产党的发展:"1949年时,中国共产党还是主要由干革命的农民组成的一个组织。共产党执政的前30年受到了落后、孤立和'文化大革命'的影响。但接下来的30年,它使中国里里外外彻底变了样,把中国从孤立带向繁荣。"

张老师：我们也要清醒地认识到,建设中国特色社会主义是一项长期的艰巨的历史任务,必须进行具有许多新特点的伟大斗争。也就是说,随着国际国内形势的发展,我们可能会遇到许多新问题、新矛盾。要面对这些问题和矛盾,推动中国特色社会主义的发展,需要有一个艰难的过程。我们不可能在一夜之间建成社会主义。尽管90多年来,我们党围绕着确定的奋斗目标,锐意改革开拓创新,创造出一个又一个辉煌成就,受到全世界的瞩目。但是,我们面临的挑战还很多,要完成的任务还很重。重要的是,在这个艰难漫长的奋斗进程中,我们要时刻明确自己面临的任务和共产党人最远大的理想。

小　夏：我们都感觉到国家更加富裕了,人民生活更加幸福了。

小　李：包括农村的面貌也发生了深刻变化,农民的日子也一天比一天好过了。我觉得不能再用过去的老眼光看农村、看农民了。

张老师：这说明我们的国家进步了,也说明我们在建设中国特色社会主义的道路上取得了不断的胜利。当然，也就日益接近我们的最终理想了。

小　李：通过身边发生的变化，我们可以深刻地感受到：党所确定的阶段性目标是科学的，对我们一步一步实现最高理想和最终目标具有重大意义。实现中国特色社会主义的过程，实际上就是向着实现共产主义这一最终目标不断迈进的过程。

三、中国共产党代表的是人民群众的根本利益

小　夏：张老师，我们常说共产党和老百姓是"鱼水关系"。共产党是鱼，老百姓是水，鱼儿离不开水。同样，共产党离不开老百姓，老百姓也离不开共产党。

张老师：是的。1944年，美国观察团曾这样评价边区政府："这里到处都强调民主和同百姓的鱼水关系"，"因为他们的生命从来不是专心致力于满足个人的野心，而是奉献于一种忘我的事业"。到了社会主义现代化建设新时期，我们党更加注重代表人民群众的根本利益，全心全意为人民服务。虽然时代变了，但我们党代表人民群众根本利益这一工作的出发点和落脚点没有变，全心全意为人民服务的宗旨没有变。

小　李：全心全意为人民服务是中国共产党的根本宗旨。

张老师：从党的指导思想来看，中国共产党在建党时指导思想就是马克思主义。马克思主义就是要消灭资本主义人剥削人的制度，实现人的全面自由的发展。所以，党的根本出发点就是要为广大人民群众服务。从我们党的性质来看，中国共产党是中国

工人阶级的先锋队，同时也是中国人民和中华民族的先锋队。她代表的是中国最广大人民的根本利益。

小　夏：我觉得在这一点上，中国共产党与其他许多政党，特别是西方许多国家的政党有很大的不同。

张老师：对。你说的这些政党一般来说都是代表某一部分、某一阶层利益的党。比如，美国的共和党，其经济政策更倾向于自由主义经济理念，倾向于限制政府的规模和对经济的干预；在社会阶层中，与华尔街的金融寡头、大企业集团等联系密切，但很少获得工会的支持。民主党则更能代表中下层人民的利益，因而能够获得工会的支持，比如护士、教师、警察，以及服务行业的劳工等。所以我们看到美国的一些政策往往由于两党所代表的社会阶层不同而产生严重的分歧。民主党希望增加富人的税收来扩大国家的财政收入，共和党则反对对富人增税，认为这会损害富人创造财富的积极性。他们分别从不同阶层的利益来考虑事关国家发展的政策。

小　李：我们共产党与他们是截然不同的，共产党考虑的是中国最广大人民的根本利益。这其中有几个关键词很重要：一是最广大人民，也就是说，不是少数人，也不是某一部分人，更不是特权阶层，而是"最广大的人民"；二是"根本利益"，也就是说，不是眼前的利益，也不是暂时的表面的利益，而是具有"根本"意义的利益。

张老师：所以，中国共产党在思考问题、做出决策的时候，是以全体人民，或者说绝大部分人民的利益为出发点的，而且考虑的是根本的、长远的利益。这与那些只代表某一部分人利益的政党是完全不同的。

小　李：其实从党的发展历史来看，也是这样的。在中国共产党最初确定的《党章》中就明确"把工农劳动者与士兵组织起来"；1931年中华苏维埃第一次全国代表大会通过的《中华苏维埃共和国宪法大纲》中也明确指出苏维埃政权是"属于工人、农民、红军兵士及一切劳苦民众的"。这一信条历经90多年一直坚持不动摇。

小　夏：我看十八大报告就特别强调要坚持以人为本、执政为民，始终保持党同人民群众的血肉联系。

张老师：我们党之所以能够取得一个又一个胜利，就是因为能够代表人民群众的根本利益，能够广泛发动、调动人民群众的积极性、创造力，能够紧紧依靠群众，从不脱离群众。我们都知道，毛泽东写过一篇文章《为人民服务》，是用来纪念张思德的。1944年，张思德响应组织号召来到距离延安30多公里的安塞县石峡峪庄开荒种地，担任农场的副队长。在开荒生产中，张思德总是哪里最苦最累，就带头在哪里干。打井、修路、种地、挖窑，都跑在前面，每天早出晚归。每逢假日，张思德总是留下来看家，整理院子、修理工具，牵上骡子到两三公里远的山沟里驮水，回来把同志们没洗的衣服一件件找来洗净、晒干。到了农忙的时候，张思德就带领大家帮助附近的老乡，特别是帮助那些劳力少或家里有病人的农户干活。几个月以后，眼看着谷子、糜子、玉米一天天长高、长大了，战士们都特别高兴。农历七月，天气渐渐凉了，农场决定轮流进山烧木炭，好准备过冬，因为张思德曾烧过几次木炭，有经验，农场决定由张思德负责烧炭任务。当队长问张思德有什么困难时，张思德坚定地回答："请领导和同志们放心，我是共产党员，为人民的利益，就是拼了命，也要把炭烧好！"在一次挖烧炭窑中，炭窑崩塌。危急时刻，张思德一把将战士小白推出窑口，自己却被埋在坍塌的土里，献出了宝贵的生命。这正是共产党员全心全意为人民服务的真实写照。

小 夏：美国外交官约翰·S.谢思伟，20世纪40年代曾在中国作了广泛的社会调查。他在1944年写给美国国务院的一份报告中谈到，国民党谋取自我利益的政策和拒绝听取进步批评的意见，已使它失去了人民的敬重和支持。而他在谈到延安的时候认为，延安"到处都强调民主和同老百姓的关系，士气是很高的"。他认为共产党"后面有某种动力，而且它把自己和人民联系得如此紧密，因而将不会被轻而易举地扼杀掉"。

小 李：正因为如此，人民群众才能发自内心地拥护中国共产党，而共产党也取得了一个又一个的胜利。我在网站上曾经看过陈云同志写的《陕甘宁边区的群众工作》一文。其中举了一个例子：有一个农民的父亲死了，他家的地被别人霸占，无法生活。后来，一位同志帮助他把三亩地要了回来。从此以后，不仅这个农民，全村的群众对这位同志都十分信任。司徒雷登曾经说过，共产党是"全心全意致力于人民事业的，它是真正希望促进中国的民主事业，希望中国在各民族的大家庭中获得一个真正独立而强有力的地位"。

小　夏：不过现在一些党员领导干部贪污腐败，拜金主义、享乐主义等现象时有发生。这样的党员干部能代表人民的利益吗？能全心全意为人民服务吗？时代变了，党员的思想肯定也会发生变化。

小　李：你说的这些不可否认。社会变化了，一些党员干部也出现了问题，但我们党员中的绝大多数还是始终坚持全心全意为人民服务的。我们那个村的党员就做得很好，他们能够集思广益，带领全村老百姓千方百计全面建设社会主义新农村，农村的面貌也发生了深刻变化。而且，在我们身边，那些真正做到全心全意为人民服务的先进典型也是不胜枚举的。比如报纸上介绍山西省泽州县南岭乡东沟村的退休干部、共产党员成济武，年近六旬回乡创业，10年间把企业所得的千万余元无私捐给"富民工程"，购果苗、修公路、改危房、助病残、赈灾区，架起了群众奔小康的"金桥"。10年间，他共资助贫困大学生26名，设立10万元扶贫助学基金，扶助120个贫困家庭子女上学，修建、改造山区中小学校6所、卫生所1所、派出所1所，为无数贫困学子送去希望的指路灯。他以自己的实际行动展现了新时期共产党员全心全意为人民服务的风采。

小　夏：我也看到过许多这样的介绍。

张老师：进入新世纪以来，面对党情、国情、世情发生的深刻变化，我们党更加注重全心全意为人民服务，采取了一系列实实在在的措施，真正代表了人民群众的根本利益。

小　李：这我清楚，比如，这几年山西省下功夫抓社会事业的发展，特别是推动农村事关村民生活质量的"全覆盖"工程，我们村里就基本实现了新农合全覆盖，而且农民种地不仅不用交农业税，国家还给农民一定的补贴；农村的基本养老保险和最低生活保障制度也逐步实现了全覆盖。这两年，农村还普遍建立了卫生所、图书室、微机室等，农民的业余文化生活也逐渐得到丰富、发展。现在的农村面貌发生了深刻变化，农民的日子越过越红火了。

张老师：农村发生的变化正是我们党注重代表人民群众根本利益的真实反映。我们党的这些理念也受到国外媒体的广泛赞誉。德国著名汉学家南因果（英戈·南特韦克）认为："中共是中国人民选择的。"《芝加哥华语论坛》在中国共产党成立90周年之际评论说，无论历史如何发展，国际形势如何变幻，中国共产党的全心全意为人民谋利益、为人民幸福而奋斗的宗旨和性质不会改变。这就是中国共产党为什么能够带领中国人民取得成功的奥秘。

历史已经证明并将继续证明，代表中国最广大人民群众的根本利益，正是中国共产党的鲜明本质所在。

四、中国共产党党员是人民群众中的优秀分子

小 李：无论是在革命战争时期，还是社会主义现代化建设的新时期，都是具有坚定信念和崇高理想的共产党员冲锋在前，无私奉献，他们是人民群众中的优秀分子。

张老师：其实，我们党本来就是由掌握了马克思主义理论的先进分子组成的。尽管在90多年的历程中，大浪淘沙，一些人退缩了，还有人变节了，但是，更多人坚守着最初的信念，为了国

家的进步、人民的幸福而不懈奋斗，涌现出许许多多可歌可泣的英雄模范。比如建党初期的毛泽东、李大钊、周恩来、高君宇、邓中夏，以及老一辈无产阶级革命家朱德、彭德怀、邓小平、刘伯承、贺龙、徐向前，等等。

小　李：还有很多在各条战线作出突出贡献的优秀人物，如雷锋、焦裕禄、钱学森、申纪兰、郭明义、沈浩，数不胜数。

小　夏：我从报纸和网络上看到，当今，有一些共产党员经受不住糖衣炮弹的诱惑，犯了这样那样的错误。前一段网上在热传原铁道部部长刘志军事件，我注意到一些媒体对刘志军的评价是"道德败坏"，这样的人就是共产党内的变节分子。

小　李：无论是在革命战争时期，还是社会主义现代化建设时期，都有一些党员经受不住诱惑，犯了错误，但这并不能说明我们的党员不是人民群众中的优秀分子。对于一个具有8000多万党员的大党来说，绝大多数的党员都是优秀的，都具有坚定的思想觉悟和高尚的道德情操。

张老师：小李说得很对。在现代化建设的新时期，涌现出很多优秀的共产党员，他们在平凡的岗位上做出了不平凡的成绩，彰显了新时期共产党员的英雄本色。杨善洲就是众多优秀共产党员中的一员。退休后，杨善洲同志几十年如一日，坚守共产党人的精神家园，无论是在职期间还是退休以后，他始终把党和群众的利益放在个人利益前面，始终淡泊名利，始终公而忘私、廉洁奉公。1988年退休后，他主动放弃城市优越的生活条件，带领家人和群众扎根大亮山义务植树造林20多年，逐步建成了占地面积约5.6万亩的大亮山林场。2009年4月,他将价值超过3亿元的大亮山林场经营管理权无偿移交给国家。他不仅是共产党员的典范,也是我们每个人做人、做事的楷模。

小 李:杨善洲的事迹让我很受教育,也很受感动。通过媒体以及和周围党员的接触,我也能够感觉到,我们的绝大多数党员都是非常优秀的。这种优秀不一定要表现得轰轰烈烈,相反,越是在平凡的岗位上越能真正显示出共产党员的优秀。在汶川大地震中,很多平凡的党员舍生忘死,响应号召,奋不顾身救助灾区群众,唱响了新时期共产党员的赞歌,再一次向世人展示了新时期共产党员的形象。一些国外媒体对我们党大加赞扬。路透社就在报道中说,在废墟上,共产党员为抢救同胞生命"竭尽全力";四川地震后,中国共产党有1.75万名官员和220万名党员在第一线,他们"在危险面前毫不退缩",去帮助那些"流血、流泪但不低头的幸存者",展现了共产党"人民利益高于一切"的原则。他们不仅受到国人的赞誉,也受到外国人的褒奖。

小 夏:难怪咱们学校出现了"入党热",每年都有很多人递交入党申请书,要求加入中国共产党,这实际上就是中国共产党的时代魅力啊!

五、中国共产党是一个不断学习、不断创新、不断发展的党

张老师:1945年7月,黄炎培先生应毛泽东之约到延安杨家岭窑洞长谈,说到历朝历代的经验教训时,指出"其兴也勃焉,其

亡也忽焉"，大多没能跳出这个周期率。毛泽东慨然作答："我们已经找到了新路，我们能跳出这周期率。这条新路，就是民主。只有让人民起来监督政府，政府才不敢松懈；只有人人起来负责，才不会人亡政息。"

1644年，李自成攻入北京，推翻了明朝统治，建立了大顺朝。他有打江山的雄才伟略，却没有守江山、治江山的本领，疏于吏治，轻于关防，脱离民众，军纪懈怠，最后被明将吴三桂和清朝摄政王多尔衮联手打败。1944年，郭沫若为此发表长篇史论《甲申三百年祭》，毛泽东读后大为赞赏，决定将其作为全党的整风文件让全体党员学习领会，要求"引为鉴戒，不要重犯胜利时骄傲的错误"。基于李自成的教训，毛泽东在新中国成立前召开的七届二中全会上，向全党提出了"务必使同志们继续保持谦虚、谨慎、不骄、不躁的作风，务必使同志们继续保持艰苦奋斗的作风"。离开西柏坡向北京进发时，毛泽东说："我们是进京赶考，我们绝不当李自成！"正是因为保持了这样清醒的头脑，中国共产党才成功实现了从革命党向执政党的转变，开始进入社会主义现代化建设的新时期。

小　李：张老师，我们党从1921年诞生之日起，到现在已经成立90多年了，执政也60多年了。在90多年的历史进程中，我们党始终能够带领人民群众取得一个又一个的胜利，受到老百姓的拥戴。我认为其中一个非常重要的原因就是我们的党能够不断学习，不断创新。

小　夏：这个我也有同感。从这一点来看，我感觉世界上还没有哪个国家的政党可以跟我们党相比。

张老师：中国共产党生于忧患，长于危机，从中国文化和理想信念中凝成了强烈的忧患意识，这是一种难得的清醒，一种可贵的品质。因此，90多年来，每一次对重大历史任务的担当、对社会主要矛盾的把握，每一次对科学真理的探索、对实践道路的选择，每一次对正确方向的判断、对失误错谬的纠偏，都来自清醒的认识。

小 李：正是由于我们党能够保持清醒的头脑，才能够在实践中不断学习，不断创新。

张老师：没错。回顾历史，我们就会发现，我们的党正是通过在实践中不断学习，不断探索，才发展成熟起来的。在这样的历史中，我们的党学会了如何把正确的理论与自己的具体实践结合起来，学会了如何掌握枪杆子，学会了怎样进行经济建设、社会管理。在这一过程中，党也犯过错误，对党的事业造成了损失。但是，非常可贵的是，中国共产党是一个勇于承认错误的党。在各种错误面前，共产党能够及时发现问题、纠正问题，进而继续推动事业的发展。

小 李：比如说第五次反"围剿"，由于受极左路线的干扰，红军被迫开始了前所未有的战略转移。但是遵义会议纠正了错误的路线，经过艰苦的努力，红军胜利完成了二万五千里长征，开创了革命事业的新局面。

小 夏："文化大革命"也是一次严重的错误。

张老师：确实是。"文化大革命"使国家的发展几乎停滞，粉碎"四人帮"后,我们党彻底否定了"以阶级斗争为纲"的错误理论,以巨大的政治勇气和理论勇气重新确立了解放思想、实事求是的思想路线,开始了改革开放的新时期。

小　李:十一届三中全会开启了我国改革开放的新时代。

张老师:实际上我们也可以这样理解,我们党就是在不断的学习、探索,包括纠正自己的错误中前进的。新中国成立后,我们要在百废待兴的基础上建设社会主义。但是,全世界除了苏联外,对如何建设社会主义还没有成功的经验,所以我们提出要学习苏联经验。经过实践,我们很快就发现苏联模式在中国的局限性。毛泽东同志发表了《论十大关系》、《关于正确处理人民内部矛盾的问题》等著作,从理论上对如何探索符合中国国情的社会主义建设道路形成了一些十分重要的认识。由于我们党过去长期处于战争和激烈的阶级斗争环境,对迅速到来的社会主义建设事业缺乏理论准备和科学研究,在实践中出现了这样那样的问题,也犯了这样那样的错误,特别是"文化大革命"。但是,我们党经过探索,比较好地回答了如何建设社会主义、巩固和发展社会主义等一系列基本问题,开创了中国特色社会主义道路。改革开放以来,我们面临着国内外发展的新形势、新问题,这都是我们不曾经历过的。如何解决好这些问题,也需要我们进行探索实践。经过全党和全国人民的努力,我们党逐渐形成了中国特色社会主义理论体系,明确了建设中国特色社会主义,总依据是社会主义初级阶段;总布局是经济建设、政治建设、文化建设、社会建设和生态文明建设五位一体;总任务是实现社会主义现代化和中华民族伟大复兴的总体战略部署。

小 李：这些在十八大报告中有详细的论述。

张老师：中国共产党之所以伟大，其中也包括党在实践中不断学习、不断创新，不怕犯错误、勇于正视错误的胸怀和品格。

小 李：这也有一个前提，就是党虽然在实践中犯了错误，但这种错误不是为了一己之私，其动机与出发点是好的，是为了民族与国家的根本利益，是在动机与效果之间出现了严重的背离。也就是说，党并没有背离自己的根本宗旨。

张老师：还有一个问题，就是在出现错误的同时，也不是说我们的工作就一无是处，也是有重要成就的。比如"文化大革命"期间，中国在外交方面就有重大的突破，如中美关系的缓和、中日关系的改善、中国与欧洲国家的建交等。在科技领域也有重大成就，如结束了石油依靠进口的时代，原子弹的成功研发等。经济方面，粮食生产保持了稳定增长，石油工业得到发展等。所以我们讨论党的历史，要看到两个方面：一个方面是在党的历史上，确实犯过错误；另一方面，是我们党能够正确对待自己的错误，勇于改正自己的错误。在讨论党所犯的错误时，也要讲两个方面：一方面是这些错误确实对工作造成了损失；另一方面是，有错误并不等于所有的工作都是错误的，同时，也有许多重要的成就。这就是历史唯物主义的态度。

小 李：这让我有许多思考。在实践中学习、创新，在实践中探索、进步，这就是党之所以能够一直受到人民群众拥护的重要原因，也是我们的事业能够发展壮大的重要原因。

张老师：进入新世纪以来，面对国内外形势发生的深刻变化，党更加注重学习、更加注重创新。这不仅是社会发展的需要，也是党的发展的需要。

小　夏：新的历史时期，我们党面临着诸多考验和诸多困难。

张老师：是的。新世纪以来的前几十年是我国社会主义现代化建设的关键时期。中华民族复兴的重任、民众对未来的期待、风云变幻的国际局势等，摆在中国共产党面前的还有许多挑战和难题。只要能继承前人留下来的宝贵财富，关注现实，关注民生，放眼未来，放眼世界，坚持自觉自省以及创新意识，善于学习和总结，力戒空疏和自满，就会有新的更大的发展。

小　李：所以，可以肯定的是，只要我们党注重不断学习，不断创新，就一定能够带领全国各族人民取得社会主义现代化建设的新胜利。

小　夏：难怪，在中国共产党成立90周年之际，国外媒体也给予中国共产党很高的评价。欧洲左翼党主席洛塔尔·比斯基说："中国共产党执政取得巨大成就的原因在于善于学习。只要中国共产党继续学习，继续做出正确的发展决策，继续鼓励各行各业的创造性，它就将一直是中国发展的发动机。中国共产党的未来在于继续保持经济良好发展，继续以人民福利为准则进行体制改革，继续从过去的错误中吸取教训。"德国政治学家托马斯·迈尔也认为："中国存在着继续创新的巨大需求，在政治领域也是如此。中国共产党内部也在实行改革创新，这些创新因素将进一步提高中国共产党的执政能力、政治能力。"

张老师：国外媒体的评价更加公正客观地表明，我们党是一个不断学习、不断创新、不断发展的党。当然，我们党也面临着种种危险，经历着种种考验。具备这样的品格，就能够保证我们党能带领人民群众克服种种困难，开创中国特色社会主义现代化建设新局面。

六、中国共产党能干成大事

小 李：对于一个政党来说，最重要的是能不能干成事。我觉得在这一点上，中国共产党的表现是非常突出的。

张老师：确实如此。共产党成立90多年来，取得的成就举世瞩目。建党初期，只有50多名党员，在中国4亿人口中，这50多人真是少之又少。当时，他们没有政权、没有阵地、没有军队、没有经费，甚至没有开会的地方。这样的党到今天发展成为一个有8000多万党员的党，是一个奇迹。抗日战争时期，日本侵略者的装备、军事力量都很强大。但是，中国共产党提出了明确的抗战方针，号召全国人民团结起来，组成抗日统一战线，坚持持久战，最后打败了日本侵略者，取得了民族解放战争的伟大胜利。

小 李：在新中国刚成立的时候，我们国家面临着内忧外患。从国内看，国民经济濒临崩溃，一穷二白，一贫如洗，百废待兴；从国际看，以美国为首的西方国家孤立、封锁我国，企图把新生的人民共和国扼杀在摇篮里。当时的美国国务卿艾奇逊甚至预言："中国人口众多，历代政府包括国民党政府都没有解决中国人的吃饭问题，这是他们失败的原因。同样，共产党政权也解决不了中国人的吃饭问题。"然而，在党的领导下，中国人民进行了60余年艰苦卓绝的努力，成功解决了数亿人口的温饱问题，实现了民族团结、政治稳定、边疆巩固和社会和谐，创造了人类历史上的奇迹。

小　夏：还有抗美援朝。这是新中国第一场为维护国家主权而战的战争。1950年秋，美国政府无视我国政府的严正警告，把战火烧向我国东北边境。我们面临的形势十分严峻，要与美国这个最强大的帝国主义国家进行战争较量，存在着许多困难。然而，就是在面临重重困难的情况下，中国共产党和中国人民毅然作出了出兵朝鲜的决定。经过几年艰苦卓绝的斗争，最终取得了抗美援朝战争的胜利，打破了美国不可战胜的神话。

小　李：改革开放30多年来，我们国家发生了翻天覆地的变化，综合国力显著增强，GDP总量已经跃居世界第二位，人民生活水平也不断得到改善，初步实现了小康社会的奋斗目标。这些成就的取得受到了国外媒体的高度评价。

张老师：正是因为我们党的领导，我国干成了一件又一件大事，从新中国成立初期的国民经济体系几乎崩溃，到如今已成为世界第二大经济体，社会主义现代化建设也取得了巨大的成就。英国共产党委员会委员基思·贝内特说："中国共产党成立90年来，中国人民的生活发生了翻天覆地的变化。中国如今已经成为世界第二大经济体，数亿中国人脱离贫困，人民生活水平不断提高，他们为自己的国家感到骄傲、自豪。可以说，这是一个里程碑式的变化，是中国共产党的创立者们建党时的目标。"因此，不论从我国发展的历史还是现实情况看，我们党是能干事、会干事，而且能够干成事的党。

小　李：确实如此。从"两弹一星"到"神舟"系列飞船的升空，再到"嫦娥"系列飞船登上月球、"蛟龙号"探测器下潜至7062米，从超级杂交水稻的研制成功到超级计算机的问世，从葛洲坝水利枢纽到长江三峡工程的顺利竣工……这些科技成就都是党带领全国各族人民共同奋斗的结果。此外，党还带领全国各族人民战胜了地震、泥石流、洪水、冰冻等自然灾害，受到世界各国的广泛赞誉。

小　夏：就连路透社也认为：中国共产党领导中国取得了经济上的巨大成功，实现了跨越式发展。中国在过去的30年中，经济始终保持快速增长，取得的成就受到世界瞩目。

张老师：这些成就的取得关键在于党的正确决策和英明领导。所以，我们应该坚信，中国共产党已经带领我们取得了辉煌的成就，必将带领我们取得更大的成就。

小　夏：听了这些，我对我们党充满了信心，对中国的未来也充满了信心。

小　李：我也坚信这一点。"没有共产党，就没有新中国。"在未来的社会主义现代化建设进程中，尽管我国面临许多困难和挑战，但我坚信，只要有党的正确领导，我们就一定能够克服这些困难，取得更大更辉煌的成就。

CHAPTER THREE

第三章　九十载艰苦卓绝　九十载荣耀辉煌
——中国共产党做了什么事

第三章

一、创建了以马克思主义为指导的先进文化

张老师：在讨论了中国共产党的一些主要特点后，我们再讨论一下党建立以来干了些什么事。

小 李：那肯定是很多了。

张老师：从大的方面来看，我以为首先是创建了以马克思主义为指导的社会主义先进文化。

小 夏：什么样的文化才能称为先进文化？

小 李：我认为文化具有多样性和历史性。反映和适应先进生产力发展要求，代表和维护最广大人民根本利益的文化，才是先进文化。

张老师：对。所谓多样性，就是不同国家、民族，甚至不同的区域，都有自己独特的文化。所谓历史性就是说，在不同的历史阶段文化表现出不同的特点。我们谈文化，不能脱离具体的社会环境和历史条件来简单地就文化说文化。先进文化是一种对人类社会和人的全面发展起推动作用的文化。如果通俗一点说，就是能够很好地解决一定历史阶段面临的问题，而且符合人民根本利益的文化。

小 李：中国共产党在建立之初，就是用马克思主义指导的政党。

张老师：同时我们也要特别注意到，中国共产党不是简单机械地照搬马克思主义的理论，而是把马克思主义理论与中国的具体实际相结合后形成了适应中国国情，能够解决中国面临问题的

文化。马克思主义与中国实际相结合有两次历史性飞跃，产生了两大理论成果，就是毛泽东思想和包括邓小平理论、"三个代表"重要思想和科学发展观等在内的中国特色社会主义理论体系。

小　夏：所以十八大报告指出，科学发展观同马克思主义、毛泽东思想、邓小平理论、"三个代表"重要思想一道，是我们党必须长期坚持的指导思想。

张老师：这个指导思想就是中国共产党在实践中创建的社会主义先进文化。在这一思想指导下，我们逐步形成了社会主义核心价值体系，使全国人民有了共同的理想信念和奋斗目标。人民的文化生活日益丰富，文化权益得到保障，国家的文化实力和竞争力不断增强。

二、创建了人民军队

张老师：中国共产党做的另一件大事就是创建了人民军队。

小　李：1927年8月1日南昌起义爆发，揭开了中国共产党独立领导武装斗争和创建人民军队的序幕。从此以后，这支军队在中国革命和建设中发挥了重要作用，它与中国旧式军队、国民党军队以及其他国家军队是完全不同的。

小　夏：可是在我看来，军队都是执行保家卫国等政治任务的武装力量。

张老师：但是，军队与军队的根本区别就在于性质不同。由中国共产党建立的军队从其性质来看是人民的军队，而不是某一阶层和利益集团的军队。他来自于人民，为人民服务，与人民群众是一体的。这支军队维护的是人民的根本利益。这与地方军阀的军队是完全不同的，与维护某些政治集团利益的军队也是完全不同的。

小　夏：我觉得从其本质来看，共产党创建的军队与共产党的根本宗旨是一致的。

小　李：这支军队是忠实地执行党和人民赋予的政治任务的武装集团，是为人民服务的，是捍卫国家主权独立、民族解放的军队。

张老师：所以我们才称之为"人民军队"、"人民子弟兵"，这种称呼反映了军队与人民之间的血肉联系。就是说，它是从人民之中来的，是人民养育的，更是为人民服务的，代表人民利益的。所以这支军队在政治上要接受党的领导，行动上要维护人民的利益，才能得到人民的拥护。

小　李：我觉得从其建制来看，人民军队也很有特色。其中最重要的就是支部建在连上。也就是说，在连一级单位要成立党的支部，连以下的单位要建立党小组等党的基层组织。同时，连以上的单位要设立与军事主官同级的负责党的工作与思想政治工作的政治主官，如指导员、教导员和政委等。这种建制最重要的作用就是保证党对军队的统一领导，同时，在思想理论上保证军队官兵能够树立为人民服务的坚定信念。

张老师：也就是说，强有力的思想政治工作，是我们军队的生命线。

小　李：无论是战争年代还是和平时期，都生动地体现了我们军队全心全意为人民服务的宗旨。我看过一篇小说，说抗日战争时期，日军进行残酷的"大扫荡"，部队要转移。有一个班的八路军战士在转移中遇到一群老百姓。这时，他们有两个选择：一是自己转移，二是掩护群众转移。这些战士在与大部队失去联系的情况下，毅然决定掩护群众转移，然后自己再转移。但是，在掩护的过程中，他们多次与日军遭遇，最后全部壮烈牺牲。在生与死面前，他们自觉选择了牺牲，却保护了更多群众的生命。我认为这就是人民军队与一般军队不同的地方。

小　夏：如果单纯从军事的角度看，自己转移了没有什么错，因为他们在执行转移的任务。但是从军队的性质看，他们有责任掩护老百姓转移。这确实是不一样的。

张老师：解放战争期间，国民党的军队比共产党的军队要强大得多，但是最后失败了。这绝不是一个单纯的军事问题，不是谁更会打仗的问题，而是一个谁能得到人民群众拥护的问题。解放战争是解放军将士打出来的，更是老百姓用支前的独轮车推出来的。因为人民军队代表了人民群众的利益，就受到了群众的拥护，得到了群众的支持。

小　夏：和平时期也是一样的。可以说，哪里有艰难险阻哪里就有人民子弟兵。当史所罕见的特大洪水从天而降时，数不清的迷彩色构成了抗洪前线最为壮美的风景。洪水涌来，他们冲锋在波峰浪尖上；大地震颤，他们争先投身于抗震救灾第一线……

小　李：是啊，在外媒眼中，中国军队是一个传奇的神话。我们也可以拿汶川地震和2005年美国新奥尔良市的那场卡特琳娜飓风来做个对比。汶川地震发生后，从分析收集受灾情况到上报中央并启动应急预案,只用了短短一个多小时,从下达命令部署到部队出动,仅仅2个多小时!速度之快,在世界上绝无仅有!空中运送、铁路输送、摩托化开进、徒步强行军、水路突进……克服重重险阻,第一时间抵达灾区展开救援的人民子弟兵,为灾区人民托起了生命的希望。而美国在灾害来临5小时后,联邦紧急措施署署长迈克尔·布朗才要求派遣1000名救援人员"在两天内"赶赴灾区,而且,部队借口能见度太低,空投物品一直未能实现。

小　夏:我看到网上有一些评论,说西方人弄不明白,解放军为什么不携带武器就进入灾区!为什么可以徒步强行军21小时,在大雨和余震中前进了90多公里,到达灾区后又立即投入救灾工作!为什么能把自己的口粮全部留给灾区的百姓,宁愿自己不吃不喝!

张老师:所以说,人民军队的创建是一件非常重要的大事。这支军队的存在保证了我们党和国家能够在任何艰难困苦的条件下实现自己为人民服务的宗旨。

三、取得了民族解放战争的全面胜利

张老师:另外一件大事就是取得了民族解放战争的伟大胜利。

小　李:从1840年到1945年的105年间,西方帝国主义国家对中国发动了6次大规模的侵略战争。以鸦片战争为开端的中国近代史,是一部中国落后挨打的历史,也是中国人民团结起来,反抗外来侵略的历史。

张老师：两次鸦片战争、中法战争、中日甲午战争、八国联军侵华，我们均以失败告终，每次战争的结果都是割地赔款、丧权辱国。只有抗日战争，中国人民才彻底扭转了一百多年来在反抗外来侵略战争中屡败的局面，第一次取得了完全的胜利。

小　夏：中国人民抗日战争的胜利，也是世界反法西斯战争的胜利。

张老师：对。1942年春，美国总统罗斯福对他的儿子说："假如没有中国，假如中国被打垮了，你想一想有多少师团的日本兵可以因此调到其他方面来作战，他们可以马上打下澳洲，打下印度……"如果罗斯福的这种假设成了现实，那么，就不会有今天的世界。

总之，抗日战争的胜利，结束了近代中国在外敌入侵时屡战屡败的历史，是一百多年来第一次完全胜利的民族解放战争，捍卫了国家的主权和领土完整，使中华民族避免了进一步遭受殖民奴役的厄运。同时，使中国挣脱了大部分束缚在自己身上的枷锁，废除了帝国主义列强强迫中国签订的一系列不平等条约，收回了被日本强占的台湾、澎湖列岛等领土。而且，更重要的是，抗战的胜利使全国人民重新找回了自信与自尊，促进了中华民族的觉醒，为中国共产党带领全国人民实现彻底的民族独立和人民解放奠定了重要基础。当然，也从根本上改变了战后世界政治格局，大大提高了中国的国际地位。

小　夏：这次战争胜利的原因是什么？

张老师：首先，中国共产党发挥了中流砥柱的作用。有中国共产党的正确领导,有马克思列宁主义毛泽东思想的理论指导,有一支人民的革命军队。其次,组成了一个最广泛的抗日民族统一战线。在抗日战争中,正面战场和敌后战场互相配合,军队和老百姓互相配合,武装斗争与非武装斗争相结合,公开斗争与隐蔽斗争相结合,特别是敌后军民广泛开展伏击战、破袭战、地雷战、地道战、麻雀战等,创造了人类战争史上的奇观,使日本侵略者陷入了人民战争的汪洋大海之中。第三,得到了世界上所有爱好和平和正义的国家和人民、国际组织以及各种反法西斯力量的同情和支持。

小　夏:共产党在这次民族解放战争中的主要作用是什么?

张老师:首先,共产党提出了积极明确的抗战方针,影响了全国的抗战。卢沟桥事变后,中国共产党立即发出通电,号召全国军民团结起来,共同抵抗日本侵略者。红军以北上抗日的口号到达陕北后,党中央召开了洛川会议,制定了《抗日救国十大纲领》,提出实行全面的全民族的抗战路线和艰苦的持久战,并要求我党我军应站在抗战的最前列,成为全国抗战的核心。其次是建立了抗日民族统一战线,从而团结动员了最广大的人民群众和社会力量参与抗战。再次,是坚持了敌后抗战。红军接受改编组建八路军,开赴山西抗日最前线,建立了晋察冀、晋冀鲁豫、晋绥、鄂豫皖等抗日根据地,运用灵活机动的战略战术开展积极的对敌斗争,形成了中国抗战的正面战场与敌后战场相互配合、支持,共同抗击日本侵略者的战略态势。积极主动的敌后抗战,有力地消灭了日伪军队,有效地牵制了日军,为正面抗战创造了积极的条件。共产党及其领导的抗日军民消灭了大量的日伪军,解放了大片国土。

小　夏：这次战争的胜利给了我们哪些启示?

张老师：我以为主要有这样几个方面：首先,全国各族人民的大团结是中国人民战胜一切艰难困苦、实现奋斗目标的力量源泉。其次,以爱国主义为核心的伟大民族精神是中国人民团结奋进的精神动力。第三,提高综合国力是中华民族屹立于世界民族之林的基本保证。第四,中国人民热爱和平,反对侵略战争,同时又绝不惧怕战争。更重要的是,历史再一次证明,只有坚持中国共产党的领导,中华民族才能捍卫自己生存和发展的权利,才能创造美好的未来。

四、建立了中华人民共和国

小　李：中华人民共和国的成立,是我们国家发展历史中的一件大事,它开启了中华民族新的历史纪元,奠定了中国历史新的发展方向,也深刻影响了世界历史发展的进程。

张老师：其实,在很长时间内,中国面临着关于国家道路的几种选择。一种是已经建立的中华民国。但是,当时辛亥革命的胜利果实被由袁世凯为代表的北洋军阀窃取。经过民主革命,以蒋介石为代表的国民党重新掌握了政权,实施地主买办阶级的专政,使国家继续成为半殖民地半封建社会。历史已经证明,这条路是走不通的,它被中国人民抛弃了。第二种是随着中国工业化进程的加深,一些表现出追求民主进步的人士希望建立一个资产阶级共和国，使中国走上独立发展的资本主义道路。但是，由于这一阶层在国内没有足够的发展，自身的独立性很弱，受到了大地主和国外资本的挤压，形不成足以与之抗衡的力量。这些人中的相当一部分转向支持共产党的纲领。

小　李：茅盾先生的长篇小说《子夜》就刻画了一位民族资本家吴荪甫的形象。他与买办金融资本家赵伯韬之间的矛盾、斗争，以及吴荪甫最终的失败就生动地表现出中国民族资本在其发展进程中的遭遇。

张老师：所以，在中国要建立一个独立的由民族资产阶级统治的政权是没有其现实基础的，也是无法实现的。第三种就是建立一个以中国共产党为代表的由工人阶级领导的工农联盟为基础的人民共和国。这一选择得到中国最广大人民群众，也包括民族资产阶级及其政治代表的拥护。我们可以看出，中国的发展并不是某一个人或某一集团的主观愿望，而是有其历史与现实基础的。这种基础表现了历史发展的必然性。

小　夏：您分析得还是非常深刻的。

张老师：中华人民共和国的成立，标志着中国人民终于建立了属于人民自己的政权。这是由执政党的性质、国家政权的性质所决定的。共产党的根本宗旨是为人民服务，共和国的性质是人民民主。这就决定了其代表最广大人民群众的根本利益。更重要的是，中华人民共和国的建立也标志着中国结束了国外帝国主义、殖民主义和国内封建统治者相勾结奴役人民的历史，中国终于成为世界舞台上一个独立的国家。

小　李：我觉得还有一个非常重要的问题，中国也结束了过去四分五裂、各自为政的局面。

张老师：说得对。国民党统治时期，虽然有表面上的中央政府，由国民党一党执政，但是，地方军阀实际上是各自为政，中央政府的控制力很弱。在这种局面下，内战频仍，各为其主，国力遭到极大的削弱。而中华人民共和国的建立，形成了强有力的中央政府，凝聚了全国各地、各民族人民的力量。

小　夏：我读过一首诗，是山西的一位老诗人高沐鸿在1949年10月1日写的。他说：说不尽欢喜/说不尽兴奋/中华人民共和国今天诞生/他的母亲是伟大的/他就是劳动勇敢的四万万七千万中国人民！通过这首诗，我们能充分感受到诗人当时激动的心情。

小　李：其实，诗人的这种欣喜之情是那个时代所有中国人心情的共同写照。所以，在新中国成立的时候，毛泽东同志在天安门城楼向全世界宣布：中华人民共和国中央人民政府成立了！中国人民站起来了！

五、建立了比较完备的工业体系和国民经济体系

张老师：新中国虽然成立了，但我们国家面临的任务异常艰巨。旧中国留下的是一个一穷二白、千疮百孔的烂摊子。共产党、新中国将经受严峻的考验。

小　夏：您具体说说。

张老师：先说经济。在国民党政权的最后时期，物价飞涨，民生困苦，生产萎缩。国家的经济状况非常困难，工业极端落

后，三次产业的比重极不合理。1949年的工农业总产值中，机器大工业仅占17%，工业产值仅占工农业总产值的17%，其中消费资料工业产值占工业产值的70%以上。1949年，全国钢产量仅为15.8万吨（占当年世界产钢量的0.1%，在世界上的位次是第二十六位），原油产量12万吨，原煤产量3243万吨。全国粮食产量比抗战前下降21%，棉花产量相当于抗战前的54.4%，耕畜减少了16%。1949年全国人均国民收入为27美元，不及印度的一半，仅相当于亚洲国家平均值的1/3。

小　夏：这些平时我们都没有注意。

张老师：再看国际环境。虽然当时的苏联和欧亚国家承认了中华人民共和国，但是美国等国家却拒绝承认新中国，还阻挠其他国家承认，在军事上进行包围，经济上实行封锁，企图将新中国扼杀在摇篮之中。从政治上看，我们党进行社会管理、经济建设的经验不足，党员干部在掌握政权后也面临着执政的考验，等等。

小　李：我看过一本书，其中写到一位美国学者说："当共产党的军队于1949年战胜国民党时，他们结束了几十年的战争，不过他们的斗争刚刚开始。中国领导人在恢复中国经济并使之现代化方面遇到巨大的困难。"他认为"中国的胜利不过是昙花一现而已"。

小　夏：就是说，西方国家并不看好中国共产党领导的新中国。

小　李：但是，60多年来，我国工业化取得了巨大成就，建立了比较完备的工业体系和国民经济体系。到2011年，第一产业增加值占国内生产总值的比重为10.1%，第二产业增加值比重为46.8%，第三产业增加值比重为43.1%。

张老师：从这组数据我们可以看出，不仅工业体系和国民经济体系不断完备，而且经济结构不断优化。

小　夏：中国工业化是如何推进的？

张老师：新中国的工业化进程可以划分为两个重要时期：一是1949年到1978年，为传统的社会主义工业化道路时期；二是1979年至今，为中国特色社会主义工业化道路时期。

小　夏：哦，还是请您先说说1978年以前的情况吧。

张老师：这一阶段的明显特点是优先发展重工业，农业哺育工业。由于工业基础薄弱，工业化所需资金依赖农业。1949年到1978年，我国的社会总产值从557亿元增加到6846亿元，29年间增长11.29倍，年均增长9%。[①]其中，工业年均增长11.1%，农业年均增长3.4%。

建立独立工业体系和国民经济体系的辉煌成就，已经使我国大大缩小了同发达资本主义国家在经济发展方面的差距。我们在30年间取得了旧中国几百年、几千年所没有取得过的进步。

小　夏：美国耶鲁大学莫里斯·迈斯纳教授经过大量研究得出这样的结论：毛泽东时代远非现代普遍传闻中所谓的经济停滞时代。而"是世界历史上最伟大的现代化时代之一，与德国、日

[①] 国家统计局编：《中国统计年鉴》，第13页，北京，中国统计出版社，1998年版。

本和俄国等几个现代工业舞台上的后起之秀的工业化最剧烈时期相比毫不逊色"①。

小　李：那第二个时期呢？

张老师：1979年至今，我国经济结构持续优化，产业结构不断升级；工业发展迅速，具备了强大的工业生产能力，成为世界贸易大国和吸引外资的大国；人民生活不断改善，城市化水平不断提升。

从以上分析不难看出，我国不仅建立了比较完备的工业体系和国民经济体系，而且工业产业已经成为国民经济的支柱产业，随着时代的发展，新型产业不断兴起。目前，尽管我国各个地区之间工业化水平差异比较大，但整体上正处于工业化快速发展时期，逐步向工业化后期过渡。在这个阶段，国民收入和社会劳动力中，第一产业比重日趋缩小，第二产业比重比较稳定，第三产业比重逐渐上升。

小　李：十八大报告说，2011年，我国国内生产总值达到47.3万亿元。财政收入大幅度增加，农业综合生产能力提高，粮食连年增产，产业结构调整取得了新进展。基础设施全面加强，城镇化水平明显提高，城乡区域发展协调性增强，人民生活水平显著提高。

张老师：虽然我们还需要下大功夫转变发展方式，改善社会民生。但是，一个不容否定的事实是，中国已经成为世界上规模

---

①余飘：《中外著名人士谈毛泽东》，第243页，北京，大众文艺出版社，1999年。

最大的经济体之一,也是最具希望和影响力的国家之一。

六、推动领导了中国的改革开放

小　李:2010年,中国经济总量超过日本,成为世界第二大经济体。人均GDP排在世界第99位,刚刚跨入中等收入国家行列。"中国制造"遍布世界各个角落,是世界第一大出口国。中国的发展与改革开放息息相关。

小　夏:张老师,您能跟我们谈谈中国的改革开放吗?

张老师:我们党作出改革开放的历史性决策,开创和发展中国特色社会主义,是中国历史发展中的一件大事,也是我们党的一件大事。十年"文化大革命",国家社会经济的发展遇到重重困难。如何使国家的各项事业走上健康快速发展的正确道路是党急需要解决的大问题。首先,以邓小平为代表的共产党人对中国应怎样建设社会主义等重大理论问题进行了积极的思考,使党重新确立了解放思想、实事求是的思想路线。以巨大的政治勇气与理论勇气提出改革开放,社会主义的本质就是解放生产力、发展生产力,消灭剥削,消除两极分化,最终实现共同富裕。其次,中国经济的发展状况也要求探索新的发展方式。1978年,中国的国民生产总值只占世界的1%,中国的人均GDP只有127美元,而美国是我们的76倍、日本是我们的66倍。这一现实警示我们,如果不发展经济,将与世界发达国家的差距进一步扩大。所以我们党在结束"文化大革命"后,提出要尽快把工作中心转移到社会主义现代化建设上来。第三是国际环境发生了重要的变化。越战之后，美国的经济出现了问题，希望能够开拓更大的市场，中美关系开始发生了历史性的缓和。中日关系也实现了正常化。西方国家对中国进行经济封锁的战略也出现了改变，使我们能够与国际经济有更多的联系。

小　李：落后就要挨打，发展才是硬道理。只有改革开放才能发展中国。改革开放给当代中国带来了巨大的发展进步，我们这样一个人口众多的发展中大国，才以世界上少有的速度持续快速发展起来，经济实力、综合国力不断增强，基础设施和城乡面貌发生巨大变化，人民生活总体上达到小康水平。

张老师：我们党领导全国各族人民在推进改革开放的进程中取得了伟大的成就，积累了宝贵的经验。我国的GDP连上新台阶，2010年经济规模超过日本，成为世界第二大经济体。2011年，城镇居民人均可支配收入达到21 810元，城镇人口超过农村。2011年末，城镇人口占总人口比重达到51.27%。事实充分证明，改革开放是决定当代中国命运的关键抉择，是发展中国特色社会主义、实现中华民族伟大复兴的必由之路。

小　夏：可是社会上，包括西方国家对中国的改革开放有种种议论，有的指向中国改革开放的推进方向，有的针对中国改革开放的一些重大步骤、存在的问题，或者涉及中国实施的一些具体政策，有质疑和责难，有猜测和期许。

张老师：十八大报告明确了我们全面深化改革开放的目标任务，指出，我们既不走封闭僵化的老路，也不走改旗易帜的邪路，而是要坚持走中国特色社会主义的正确道路。我们要继续坚持改革，但是不能盲目照搬西方发达国家的模式。美国前国务卿基辛格就曾经说过："现实生活中不存在纯粹的市场制度和计划经济，美国是最开放的市场经济，但政府在一些要害部门中发挥着重要作用。世界各地的领导人不约而同得出这样一个结论：总的来说，市场为经济持续发展提供了较好的基础。但实现这一目标的方式与试图改革的国家一样多，改革必须与各个国家的经济社会文化环境相一致。"

小　李：所以，我们的改革，必须坚持中国特色社会主义理论体系，走中国特色社会主义道路，维护中国特色社会主义制度。只有社会主义才能救中国，只有改革开放才能发展中国、发展社会主义。

张老师：这也就是我们所说的，要坚持理论自信、道路自信和制度自信。中国用30多年时间走过了发达国家几百年的工业化历程，取得的成就举世瞩目。外国媒体夸张地形容中国的经济改革为"猛虎在超速"。澳大利亚前总理陆克文曾这样评价：中国的改革开放是全球20世纪最重大的事件之一。中国改革开放的成功经验挽救了世界社会主义。

七、解决了世界上人口最多的国家人民生活的温饱问题，极大地改善了人民的生活

小　夏：中国用世界7%的耕地，解决了世界22%的人口温饱问题，真了不起。

张老师：是啊，从20世纪80年代开始，中国实施了大规模

的、持久的和富有成效的专项扶贫开发计划,解决了2亿多农村贫困人口的温饱问题,这是伟大的历史性成就,是人类发展史上的一个壮举。联合国粮农组织总干事雅克·迪乌夫于2009年在世界粮食安全高级别会议新闻发布会上说:"30年来,中国解决了世界1/4人口的温饱问题,并从一个受援国成长为捐助国,这是一个奇迹,是对人类的特殊贡献。"

小 李:我在党校学习的时候,听一位专家讲课。他说他在美国考察的时候,参观了一个农场,这个农场只有一位老人。他问老人这么多的地就他一个人耕种吗?老人说,是的。专家感到很惊讶,说他很敬佩老人,因为他一个人种了这么多的地。可那位老人说:"我更敬佩你们中国的农民。"专家说:"为什么?"老人说:"因为你们的农民在那么少的土地上养活了那么多的人口。"

小 夏:说得真好。但我们还是经常看到一些关于偏远地区人们生活困难的报道,还有人生活在贫困线以下。

张老师:这也是事实。消除贫困、解决温饱是要逐步推进的,不可能一蹴而就。十八大说要全面建成小康社会,就是说,我们现在的小康还是一个基本性的小康,是不够完善的小康。新中国成立60多年来,特别是改革开放以来,我国农村贫困人口大幅度减少,农民收入稳步提高,基础设施显著改善,区域经济加快发展,这些成就是非常突出的。党的十八大又把解决好农业、农村、农民问题作为全党工作的重中之重,积极推动城乡经济一体化。这表明了党和政府的决心,说明党和政府看到了我国扶贫开发在某些地区仍面临严峻的挑战，任重道远。

小　夏：其实解决贫困人口的问题是一个世界性的问题。

小　李：我看到资料说，到目前为止，每个国家只能解决大部分人的温饱问题，根本不可能把全国的温饱问题都解决，就算欧洲的一些发达国家，依然有人会饿死。发达国家也有贫民窟，有露宿街头、公园、天桥下的流浪人群，这并不稀奇。

张老师：事实上，西方国家若不是因为福利制度，其社会底层民众的窘境会更加不堪设想。比如，在经济衰退时期，新加坡也面临最严峻的失业问题，出现大批无家可归的人。据美国《纽约时报》报道，由于当局修改福利条例，美国穷人现在更难获得现金救济，纯粹靠粮券生活的人多达约600万人，比两年前增加了50%。而一向存在流浪汉群体的日本社会，穷人所面对的流离失所问题更加严峻。

小　夏：相比较而言，中国对全球扶贫事业贡献最大，这是世界公认的。

张老师：是的。2004年5月，世界银行行长沃尔芬森在首届全球扶贫大会致辞中说：中国是20年来对全球扶贫事业作出最大贡献的国家，中国创新性的大规模扶贫活动，为全球扶贫行动提供了极富建设性的范例。据2010年的统计数据显示，过去25年全球脱贫事业成就的67%来自中国。而且，中国扶贫模式已成为国际品牌。从2005年至2010年，中国国际扶贫中心为世界83个国家的515名中高级官员举办了几十期专题减贫培训班，向发展中国家展示中国扶贫开发的成就及经验，帮助其增强制定和实施减贫政策的能力。除每年举办"10·17减贫与发展高层论坛"、"中国—东盟社会发展与减贫论坛"外，今后，中国国际扶贫中心还计划创办"中国—非洲减贫论坛"等区域性论坛。

八、维护了国家的统一和主权的完整

小　李：新中国成立60多年来，中国共产党为实现国家领土完整与主权统一进行了艰苦卓绝的斗争，坚决维护了中华民族的根本利益，作出了彪炳史册的重要贡献。

张老师：这主要表现为以下四个方面：一是成功收回了港澳主权，二是努力推动台湾与大陆的统一，三是坚决反对边疆民族分裂主义，四是妥善处理与邻国的边界争端。

小　夏：这我知道。1997年7月1日、1999年12月20日，中国先后正式恢复了对香港、澳门行使主权。

张老师：对。香港、澳门的回归，在中国领土上彻底结束了外国列强的占领，为国际社会以和平方式解决国家间的历史遗留问题提供了范例，是一国两制的胜利，迈出了完成祖国统一大业的重要一步。

小　夏：大陆与台湾的关系也正在逐步改善。

张老师：台湾问题的出现，有着复杂的历史和现实因素，与国民党失败后盘踞台湾有关，也与外国势力的介入、干涉有关，其实质是中国的内政问题。新中国成立60多年来，我国政府先后作出一系列重大决策和部署，推动两岸关系朝着和平稳定的方向发展，谱写了对台工作新篇章。

小 李： 国家在处理边疆问题上有哪些举措？

张老师： 在中央决策精神的指引下，国家完善了关于对口支援西藏、新疆的重要举措，巩固和发展了社会主义新型民族关系，特别是坚决抵制和打击了分裂势力的渗透，确保了西藏、新疆社会的和谐稳定。

小 夏： 那边界问题呢？

张老师： 中国同14个国家接壤，陆地边界总长22 000多公里，是世界上陆地边界线最长和邻国最多的国家，也是边界情况最复杂的国家之一。20世纪90年代迄今，中国政府在和平共处五项原则及睦邻友好外交方针的指引下，采取灵活务实、互谅互让的和平谈判方式，经过不懈努力，逐步稳妥地解决了与俄罗斯、老挝和越南以及哈萨克斯坦、吉尔吉斯斯坦、塔吉克斯坦等国的边界问题。

小 夏： 台湾问题还没有解决，东海和南海又出现紧张局势，我国主权完整依然面临着重大考验。

张老师： 纵观历史，在捍卫国家主权与统一的大问题上，新中国成立前后有明显的不同。新中国成立前基本上都是割地赔款。而新中国成立后，我们坚守底线又更为包容，既坚守维系国家与民族生存发展的底线，又在此基础上，随着形势变化，显示出更为包容与务实的姿态。目前虽然仍面临东海和南海问题等，但我们的底线不会变，在核心利益上永远不会让步。

小 李： 中国主权虽然再度面临挑战，但随着我国综合国力的日益强大，我相信这些问题的解决会有一个圆满的结果。

九、提升了中国在国际社会中的地位

小　李：中国是最大的发展中国家，是联合国的常任理事国之一。改革开放30多年来，尤其是进入21世纪以来，中国的国际地位得到迅猛提升。

小　夏：主要表现在哪些方面？

张老师：我们可以从经济、政治、文化三个方面来加以说明。首先，在经济舞台上，经济地位不断上升，成为世界第二大经济体，经济发展对全球的重要性显著增强。比如：面对全球"金融海啸"压力，美国希望中国购买其国债；欧元危机中，欧洲国家也采取类似的行动。这些事例足以表明世界经济对中国经济的依赖性。中国应对金融危机过程中的积极姿态和果断行动受到国际社会的高度评价，甚至有专家认为，"金融危机将成为中国从地区大国崛起为全球性大国的标志性事件"。同时，中国制造业承接国际产业转移，在国际分工中的地位不断提升，在全球制造业的规模已上升至世界第三位。

小　夏：那在国际政治舞台上的作用呢？

小　李：更是举足轻重。最突出的特点就是在国际事务中发挥的作用越来越大。比如：中国参与八国集团同发展中国家对话会，给这一会议注入新的活力；20国集团金融峰会，崛起的中国"破茧而出"。美国著名经济学家弗雷德·伯格斯滕提出，由中美两国组成一个G2来代替旧有的G8，以携手合作解决世界经济问题。

张老师：世界舞台上，几乎所有的国际组织、论坛、对话机制中都能看到中国活跃的身影。中国正在热情地拥抱世界，中国与世界的积极互动不仅有利于中国更快地走向世界，也有利于世界更好地认识中国，而这对于世界和平发展有着重要意义。

小　夏：中国在文化舞台上也有很抢眼的表现。

张老师：中国的文化影响力与过去相比有明显提升，主要表现在文化传播和对价值观的认可上。随着中国国际地位的提高，世界各国普遍对中国文化给予高度认同和重视。比如：2004年11月21日，中国第一所海外"孔子学院"在韩国汉城挂牌，截至2011年8月底，各国已建立300多所孔子学院和500多个孔子课堂，分布在全球106个国家中。学员有50多万人，举办各种文化活动达到13 000多场。仅美国就有81所孔子学院。孔子学院就像是一块块绿色苗圃，使博大精深的中华文化在国外展现出勃勃生机。孔子学院，在推动中外交流提升国家软实力方面，正在作出重要贡献！

小　夏：看来，中国文化软实力的国际地位在逐步提升。

张老师：确实如此。《华尔街日报》报道阐述中国"软实力"上升的话题时，所举的一个例子，就是2006年中国在美国仅有不到10所孔子学院，而如今在美国拥有近百所孔子学院及类似的孔子课堂，在全球还有近400所。

小　夏：2012年10月，莫言获得2012年度诺贝尔文学奖。莫言获奖，既是中国文学繁荣进步的体现，也是我国综合国力和国际影响力不断提升的体现。

小　李：再就是，中国的价值观也在影响着整个世界。比如，在处理国际问题中，国际社会愈来愈接受中国的方法。叙利亚冲突加剧，美国就不像过去那样单纯地强调军事介入，而是也强调谈判，希望使用政治手段解决这一问题，这一外交理念似乎更接近于中国。

张老师：综上所述，我们完全有理由说，在世界多极化、全球化大背景下，中国在国际社会中的地位不断提升，正在从大而弱走向大而强，从地区大国走向世界大国的进程中。

十、开创了具有典型意义的中国特色社会主义事业

小 李：60余年艰辛探索，新中国创造了"中国奇迹"，开辟了中国特色社会主义道路。

小 夏：这是中国共产党和中国人民对人类发展的一大贡献。可是，从近代历史发展来看，西方国家一直走在我们前面，我们一直在追赶中，既然这样，我们为什么不走西方式发展道路呢？

小 李：不同的国家、不同的民族都有自己独特的历史、文化，西方式发展道路不符合中国的国情。

张老师：各国发展道路一直是一个有争议的话题。在人类迈向现代化的进程中，中西方走的是不同的道路。简单来讲，西方是殖民扩张，而中国是和平发展。中国工业化与西方工业化的不同点是起始条件不同、所处社会环境不同、进程不同。我们今天不妨对此讨论一下。

小 夏：西方工业化是自发性的。谈到西方工业化起步，一个重要环节就是资本的原始积累。在西欧，资本原始积累开始于15世纪后30年，经过16世纪的高潮，一直延续到19世纪初才告结

束。主要途径有这样几个方面：一是用暴力手段剥夺农民的土地，比如发生在英国的"圈地运动"，被称为是"羊吃人"的运动；二是用暴力手段掠夺别国主要是殖民地国家人民的财富。前者是资本原始积累过程的基础，后者是利用国家政权的力量进行残酷的殖民掠夺。对外是殖民地争夺、抢劫金银财宝、贩卖黑奴、保护关税制度和商业战争，对内则是国债制度、课税制度、保护关税制度。

张老师：中国能效仿西方道路吗？当然不能。中国的工业化进程与西方发达国家一个主要的不同就是它不是自发性的、内生性的，而是在西方帝国主义坚船利炮的攻击下被迫开始的。一开始就受到封建势力和帝国主义的压迫，因此，中国不可能向外扩张。当然，从历史来看，中国也没有建立殖民地的文化。全球工业化的肇始是15世纪的大航海。中国的郑和下西洋时，哥伦布还没有出生，比他要早80多年的时间。但是，中国并没有在海外建立一寸土地的殖民地。今天，中国也没有在世界其他地区建立殖民地的构想。中国走的是一条自力更生求发展的复兴之路。这是人类追求文明进步的一条全新道路，是中国现代化建设的必由之路。这与西方的工业化进程是完全不同的。

小　夏：在西方专制主义统治之下，政府是强势的。比如美国，在19世纪后半期开始的第二次工业革命中，各级政府特别是联邦政府对国民经济的诸多方面进行了十分有效的干预。其经济政策带有明显的剥削性和掠夺性。美国在19世纪开始的"西进运动"，就是对美洲原住民，特别是印第安人的残酷剥夺。

小　李：在我国计划经济向市场经济转型的过程中，也是依靠强有力的政府来推进市场化改革和企业改制。充分发挥政府的调控作用，最大限度地保证了资源配置符合社会利益。

小　夏：我觉得还有一个问题也非常重要。西方发达国家的工业化进程是从15世纪开始的，经过了漫长的道路。如果从18世纪工业革命算起，到今天有二三百年的历史。而中国虽然历史上市场经济的发展并不落后，但工业化进程却启动得比较晚。如果从鸦片战争开始算起，只有一百多年的发展道路。但我们知道，中国真正有效地推进工业化建设是新中国成立，特别是改革开放之后。这样的话，也只有60多年的时间。就是说，我们在几十年的时间里走过了西方发达国家几百年的发展道路。这其中要解决的问题，也是全然不同的。

张老师：中国特色社会主义事业是中国人民在党的领导下开创的。十八大指出，中国特色社会主义道路是实现途径，中国特色社会主义理论体系是行动指南，中国特色社会主义制度是根本保障，三者统一于中国特色社会主义伟大实践。概括起来，我以为有这样几个主要的特点：一是坚持了中国共产党的领导。在中国绝不照搬西方国家的政治制度。这就保证了我们国家的重大决策能够从人民群众的根本利益出发。二是坚持了实事求是的路线。就是一切以能否解决中国的问题、推进中国的发展为原则，而不是形而上学的、脱离实际的，或者是僵化的路线。三是不断学习借鉴发达国家于我有益的经验。这里特别要强调是"于我有益"，而不是照抄照搬，全盘西化，更不是封闭保守。所以我们建立的是社会主义市场经济，而不是所谓的自由主义市场经济。四是坚持渐进式改革。不搞什么"休克疗法"，也不搞运动式改革，而是先试点，再看改革的成效。如果有益再全面推广。五是坚持中国传统文化中具有先进意义的价值观。比如，爱国、包容、和平、以人为本，等等。

小　夏： 这些都是与其他国家不同的。

张老师： 通过比较，我们不难看出，具有典型意义的中国特色社会主义发展道路的开创，不论对中国还是对世界，都是一个重大的贡献。中国特色社会主义道路是一个不断探索、不断发展、不断完善的过程，这是一条中国共产党团结带领全国人民探索和实践马克思主义中国化之路，一条社会主义中国大踏步追赶时代发展潮流的奋进之路，是一条中华民族实现伟大复兴的必由之路。

CHAPTER FOUR

第四章 中国,我为你骄傲
——中国正在复兴

第四章

一、中国的经济越来越强大

小　夏：张老师，2010年，中国GDP总量超越日本，成为全球仅次于美国的第二大经济体，引来了全世界的关注，西方媒体更是连续发出惊叹和赞美的声音。我国一直是发展中国家，似乎一夜之间就变成新的经济大国了。

张老师：中国在鸦片战争之前的近两千年时间里一直是世界上最大的经济体，但在1840—1950年，中国的GDP从占世界总量的1/3降到了1/20。自新中国成立60多年来，GDP以年均8.1%的速度增长，推动中国经济总量增加80多倍，1979—2008年年均增长9.8%，快于同期世界经济增速。用直观的话讲就是：我国2008年一天创造的财富量就超过了1952年一年的总量。我国经济总量占世界经济的比重仍会不断提高，已经有经济学家预计，未来中国一定会超越美国成为世界第一大经济体。我认为，过去承认中国落后是实事求是，今天承认中国的巨大进步也是实事求是。我们当然应该继续保持谦虚谨慎的态度，不要因为他人的乐观预测而得意忘形。

小　夏：但我感觉自己的生活与发达国家人们的生活还存在很大差距。

张老师：让我们再来深入理解这个问题，说中国成为世界第二大经济体，其实是指中国经济的总量和综合国力已经走到了世界各国的前列。但是，中国还是发展中国家，我国在经济发展方式、创新能力、收入分配，以及人均GDP等方面与世界先进国家相比还存在很大差距。如果我们依据官方汇率折算人均GDP，那么中国还排在世界100位左右，低于阿尔巴尼亚等国。不过我5年前去过阿尔巴尼亚首都地拉那和港口城市都拉斯，其繁华程度远不如中国沿海地区的任何一个地级市。尽管我们需要解决的问题还很多，但中国经济快速发展是不争的事实。

小　李：我看到美国《纽约时报》著名专栏作家托马斯·弗里德曼写过一篇文章。2008年夏天，弗里德曼参加了在北京举行的奥运会，之后途经上海返回纽约，有感而发，写了《中美这七年》的评论。其中说道："你可以比较一下纽约肮脏陈旧的拉瓜迪亚机场和上海造型优美的国际机场。当你驱车前往曼哈顿时，你会发现一路上的基础设施是多么破败不堪。再体验一下上海时速高达354公里的磁悬浮列车，它应用的是电磁推进技术，而不是普通的钢轮和轨道，眨眼功夫，你已经抵达上海市区。然后扪心自问：究竟是谁生活在第三世界国家？"他接着说："你会发现这样一个崭新的事实：就技术发展水平而言，中国的富裕地区，特别是北京、上海以及大连这些城市的现代化程度如今要比富裕的美国更加先进。高楼大厦的建筑风格更加多样，无线网络技术更加尖端，道路和火车更加便捷美观。我再次重申，这一切并不是靠发现石油，而是通过充分发掘自身潜能得来的。"最后他不无忧心地感叹："我很不愿意对我女儿说，你只有去中国才能看到未来。"

小　夏：但我还是觉得，说中国的经济越来越强大，实际上说的是一个动态的过程。就是说我们比过去强大了，而且正在向更强大发展。如果说我们现在已经很强大了，恐怕还有很大差距。

张老师：我觉得你的判断是比较科学的。我们的经济发展还面临很多挑战。但是客观地分析中国的经济，我以为有这样几个方面比较突出。

小　夏：首先是经济规模的增长比较快。改革开放以来是中国经济一个巨大的上升期。我国的综合国力与世界上其他国家，特别是发达国家的差距缩小了很多。

张老师：其次是中国的经济对世界经济发展的贡献大。按购买力评价法，中国对世界GDP的贡献率在30%以上；按汇率法，则在20%以上。从全球的角度来看，如果中国经济增长放慢，将影响其他国家与地区经济的发展。典型的例子就是2008年的金融危机，世界各国都希望中国经济能够带动全球经济的复苏。2009年，时任美国国务卿的希拉里出访中国，其中一个最重要的目的就是希望中国能够在金融危机爆发的情况下，不仅不要抛售美国的国债，而且还希望中国能够更多地购买美国国债。这样才能帮助美国走出危机。欧洲国家发生债务危机后，也同样如此。他们都把挽救本国经济的希望投向了中国。

小　夏：其实中国经济与世界经济的融合度也是非常高的。我国的贸易实力居世界前列，为贸易出口第一大国、贸易进口第二大国，也是世界上第一大外汇储备国。中国有广阔庞大的市场需求，对其他国家的产品消费可以极大地拉动生产国的经济。同样，中国制造的产品也满足了世界各国消费者的需求。越来越多的国家发现，离开"中国制造"将会大大影响其经济运行和日常生活。

小　李：我看到媒体报道说，美国国庆悬挂的国旗，有大概80%以上是中国制造的。

小　夏：有个笑话说，中国人出国旅游，就是拿着中国的钱，跟着本来是中国人的导游，到各种外国景点看中国人，然后到中国餐馆吃中国饭，到中国人开的礼品店买上中国人制造的中国产品回国，再送给中国人。

张老师：这虽然是个笑话，但也反映了一个事实。除了消费领域外，我觉得中国经济与其他国家的经济形成了一个生产、流通、消费的整体。中国的制造业虽然还处于产业链的低端，但没有"中国制造"，就难以完成整个产业链的全部过程。当然，没有中国巨大的市场，许多产品也就不用生产了。或者说，许多国家的经济就可能因此而萎缩。

小　夏：中国经济也表现出其在创新能力和企业发展方面的积极性。

张老师：总的来说，我们国家的创新能力还是比较落后的。但是我看到一个数据，说近年来中国申报的专利数已经超过了美国。国内发明专利授权持续快速增长。从2008年至2012年，年均增长幅度是32.6%，而且呈现出由数量速度型向质量效益型转变的态势。中国企业在欧洲提交的专利申请同比上升11%以上，成为欧洲专利局专利申请数量的第一增长驱动力。

小　李：我在网上看到一则消息，说在2010年，通过对全球6个国家的6000人进行调查，认为2010年全球最具创新力国家排行榜中，美国第一、日本第二、中国第三。而这一调查预测2020年的排行榜，则中国居第一。

张老师：另外需要注意的是，中国企业的发展在国际经济中的影响力。《财富》排行榜的世界500强，1995年时，中国仅有3家企业上榜，而2012年已经上升为73家。中国各地的企业都在竞相成为世界商界的佼佼者，这将大大提升中国企业在价值链中的位置，并改变世界各地的价值规则。

小　李：还记得有西方学者在苏联解体后，预测中国会步苏联的后尘分崩离析；香港回归前，又预测香港的繁荣将一去不复返；中国加入世贸组织时，又有人预测中国将走向崩溃；2008年"金融海啸"爆发后，又预测中国要出现大乱。结果这一切都成了笑话。我国坚定不移沿着中国特色社会主义道路前进，会使我们的国家更加强大，人民更加富裕。

张老师：中国以西方不认可的模式迅速发展。虽然中国模式并非十全十美，但其总体的成功令那些采用西方模式的非西方国家望尘莫及，西方国家本身也因此受到了震撼。

二、中国文化软实力正在产生越来越广泛的影响

小　夏：中国经济的快速发展举世瞩目，同时，中国的文化也得到越来越多人的喜欢。中国文化形成的软实力正在世界各地产生着重要的影响。

小　李：我觉得，现在外国人，尤其是年轻人，每年来中国旅游，或者学习、研究中国文化的人越来越多，我就接待过不少

来山西旅游和作研究的外国人。例如平遥，有的外国人在那儿一住就是几个月，有的每年专程前来参加活动，还有的特意在平遥举办婚礼。这都说明我们的文化吸引力在不断增强。

张老师：确实如此，随着中国的迅速崛起，中国文化也进入前所未有的繁荣和复兴时代。这种繁荣和复兴的深度、广度和力度也只有一个文化资源如此丰富的国家才可能做到。中国人今天的"孔子热""老子热""诵经热""书画热""茶道热""旧宅热""文物热""中医热""养生热"等，都体现了中国传统文化的繁荣与复兴。改革增强了中国人新的文化自信，这是国家全方位对外开放背景下形成的文化自觉，其意义非同一般。外国许多优秀文化与中国文化碰撞后，不仅没有削弱中国文化，反而使中国文化呈现得更加精彩。

小 夏：比如网游，来自西方，但在网络世界里，三国、西游、水浒、山海经都可以大显神通，中国历史、典章与人物都可以成为当代青年快乐资源的一部分。与外界的大规模文化互动激活了许多中国文化的意象和资源，从Flash、视频、手机新功能到四格漫画、MV等都是这样。

小 李：中国近年来影视产业发展迅速，各种作品令人目不暇接。五千年悠久的历史和无数荡气回肠的历史事件为中国影视产业提供了用之不竭的素材。截下任何一个历史断面，都可以开发出无数的题材和故事。比如张艺谋导演的电影《英雄》，2004年在美国首映，获票房榜冠军，首映第一周票房达到1800万美元，在外语片中排第二，成为北美票房史上第四大卖座的外语片、第十五大卖座的动作片。

小　夏：中国人本文化衍生出来的餐饮文化、养生文化、休闲文化也是非常丰富的。中国菜肴之丰富就是一个例子。中国和法国都有丰富的饮食文化，但中国大的菜系有八个，其中任何一个菜系的丰富性都超过了法国菜系。换言之，两者不是一个当量级的。中国任何地方的街头餐馆都能做出三四十种菜，而在美国绝大多数的餐馆只有汉堡包加薯条，能有三四个菜就不错了。欧洲餐馆的菜肴要丰富一些，但也很少有超过七八个品种的。中国的餐饮文化比西方的餐饮文化要丰富得多。

张老师：是的。还有，我们使用的是历史悠久、生生不息的语言。汉语是中国源远流长的历史与文化的产物，同时也是把中国庞大的人口和辽阔的国土联系在一起的强大纽带。一个民族的语言文字是本民族文化的精神血脉，也是民族认同的利器。世界上许多发展中国家，在西方殖民化的过程中，失去了自己的语言，结果也就失去了自己文化的根，陷入发展的困境甚至绝境：永远在那里邯郸学步。自己的传统丢了，别人的东西怎么也学不会，结果整个国家就可能处于停滞、动荡与贫困之中。

小　夏：中国文化的影响正在不断增强，具体表现在哪些方面呢？

张老师：首先是随着中国国际地位的提升，世界各国逐渐认同了中国的许多理念。我们知道，从工业化开始以来，我们基本上是生活在西方发达国家确立的游戏规则之中。西方发达国家认为世界上所有国家、民族都应该按他们的意志出牌。一旦认为与他们的理念不同，就要横加干涉、遏制。担任过法国大使的吴建民曾说过，当柏林墙倒塌的时候，西方一些人欣喜若狂，以为全世界都得按照"华盛顿共识"办。但是，世界的发展变化与他们所预见的不一样，中国就是一个很突出的例子。诺贝尔经济学奖获得者、新制度经济学的鼻祖、产权理论的创始人罗纳德·哈里·科斯在他的《变革中国：市场经济的中国之路》一书中指出："中国活力四射而又独一无二的市场经济，充分证明市场经济可以在西方以外的地方扎根并繁荣发展。中式市场经济的崛起为其他文化与历史有别于西方社会的国家树立了一个鲜明的榜样。"这一论断是非常具有代表性的。

小　夏：类似的评价我也看到很多，特别是在金融危机爆发后。

张老师：其次是中国传统文化中遵循的许多价值观也正在产生着越来越大的影响。比如，和平、平等、和谐、包容、天人合一、实事求是等，正日益成为其他国家和地区重视的价值观。马丁·雅克说，随着中国的兴盛，西方普世精神将不再是放之四海而皆准，它的价值观和影响力会越来越弱。第三是中国传统文化中观察问题、处理问题的方法也逐渐为不同文化的国家与地区的人们所接受。比如中国讲究"中道"，就是不走极端。在处理国际事务中，中国从来不从绝对的立场对哪个国家进行干涉，而是希望进行接触、对话。中国坚守的是和平共处五项原则，国家不论大小一律平等。

小　夏：我感觉还有一个很突出的方面是中国人的生活方式

也越来越成为一种时尚。比如中国的美食、家具、服饰、建筑、民俗、武术、中医,包括语言、影视作品和体育、娱乐界的明星,等等。很多外国人来中国后,对这些东西都非常感兴趣。

小 李:除了这些表象的东西以外,一种学习中国文化的热潮也在兴起,比如汉语。过去,我们把是否很好地掌握一门外语作为评价一个人能力和水平的标准。今天,越来越多的人热衷于学习汉语。今天,世界任何地方的人,只要懂汉语,就更容易谋取到一份工作。而遍布世界各国的"孔子学院"就表明中国文化正在走向世界。最近我看了一本书,是美国学者迈克尔·巴尔写的《中国软实力》。其中写到,在法国,开设汉语课程的学校从1998年的111所增加到2008年的352所。在西班牙,虽然没有教授汉语的传统,但已有30所大学开设了汉语课程。他还提供了一个互联网使用汉语人数的数据,说从2000年至2008年,互联网上使用汉语的人数增加了750%,而使用英语的人数只增加了200%。这样,汉语就成为互联网上使用量仅次于英语的第二大语言。同时,参加汉语水平考试的人数每年以40%至50%的速度增长。

张老师:中华民族是一个伟大的民族。我们五千年绵延不断的历史使中国在人类文化的所有领域几乎都形成了自己的知识体系和实践传统。这种传统的丰富性、内源性、原创性和连续性都对我们今天的发展具有非常重要的意义。我们愿意学习别人的一切长处,但我们绝不放弃自己的优势。这是我们具有民族自信的重要原因。马丁·雅克在他著名的《当中国统治世界:中国的崛起和西方世界的衰落》一书中认为,中国对世界的影响主要体现在经济方面,还不够准确。中国的政治和文化同样也会产生无比深远的影响。

小　李：英国政治哲学家约翰·格雷说,当中国逐渐强大,她会愈加肯定其古代文明延续下来的价值观,她会在历史中寻觅智慧,以创造出一种现代化的新模式。

三、中国在国际事务中的作用日益重要

小　夏：我记得2009年看到美国的《时代周刊》封面上,一只熊猫正拿着打气筒给瘪了的地球打气,文章称"在全球渴望走出经济阴霾之际,都指望中国能成为其探路明灯"。

小　李：2011年中国GDP比上年增长9.2%,与美国、欧洲等发达国家和地区形成鲜明对比,中国已成为世界经济增长的发动机。当这个世界第二大经济体以年经济增长率近10%的速度发展时,也带动了其他国家经济的增长。在金融危机中,因为中国的出色表现,危机并没有给拉丁美洲和亚洲其他国家带来更加严重的后果。如果世界经济增长率是4%,那么中国一个国家就贡献了1%。换言之,世界经济增长的1/4都要归功于中国。多亏中国的经济政策,不仅使全世界成百上千万人得以保住工作,还促进了其他地区的经济发展。中国在这场经济危机中展现出一个严肃、负责和称职的大国形象。

张老师：中国庞大的人口规模也对国际社会产生了非常重要的影响。我们的人口占世界1/5。和欧洲相比,一个欧洲中等国家的人口也就1400万左右,所以中国的人口约等于100个欧洲中等

国家之和。整个西方的人口占世界人口的14%，而中国人口占世界人口的20%。中国的旅游、手机、互联网、高速铁路等行业的迅速发展，都体现了这种规模效应。许多境外企业投资中国都有一个口号：只要能在中国做到第一，就能做到世界第一。从更广的意义上看，由于人口效应，中国只要改变自己，往往就能改变世界。比如说，中国汽车产量和销量已居世界第一，随之出现的就是整个世界汽车工业开始了某种面向中国的转型。中国城市化的速度和规模也是世界第一，随之而来的就是世界建筑设计业出现了某种面向中国的转型。这个趋势随着中国的崛起正在开始扩展到越来越多的领域，如旅游、航空、影视、体育、教育、新能源、现代化模式等。我国的地缘优势也使我们具有其他国家难以企及的地缘辐射力。

小　夏：我还注意到一个非常重要的现象，就是国际间的合作往往离不开中国。中国已经参加了G8峰会这个全球最主要的发达国家的议事组织，参加了亚太经合组织，主办中国—阿拉伯国家合作论坛、亚洲博鳌论坛等一系列合作组织，与东盟建立了10+1自由贸易区，建立了中亚地区的上海合作组织，并推动中、日、韩之间的经济整合。

小　李：还有一个非常重要的概念就是"中美国"。不管这个概念的提出是出于什么目的，但它反映了一个现象，就是认识到中国的崛起，并对世界产生了重要的影响。实际上，许多重要的国际合作峰会，往往把中国作为最重要的话题。

张老师：是的。在许多事关国际社会发展的重大事务中，中国的作用和影响也至关重要。比如反恐问题、无核化问题、气候问题、扶贫问题、经济危机问题、发展问题，等等。世界越来越认识到，许多问题如果没有中国的积极参与，就无法解决。实际上，很多人已经认识到中国的发展进步将很大程度上改变着国际秩序。工业革命以来，全世界形成了现代化发展趋势，而主导这种趋势的是西方那些工业革命走在前列的国家。这使全球逐渐演变为一种以西方为中心的格局。不论是老牌的帝国主义国家如葡萄牙、西班牙，还是后来的英国、美国，他们成为世界霸主，左右国际事务。但是，随着中国的发展进步，这种局面正在发生着十分重要的改变。马丁·雅克认为，中国的发展进步最终将预示着一种全新的国际秩序的诞生。

小 李：但是，这并不是说中国将纳入原有的体系当中，而是将形成一种新的体系。正如著名国际关系学者、清华大学国际关系学系主任阎学通认为的，中国发展的结果将不是中国越来越像西方，而可能是世界越来越像中国。

小 夏：中国虽然经济发展了，人民生活质量也提高了，但是我们的环境污染问题依然严峻。

张老师：环境保护是我们面临的一个挑战，但我们不要太悲观。历史上，欧洲的污染可能比中国还要严重：伦敦在1952年曾出现过一周内有4000多人死于煤烟污染。莱茵河曾被宣布为"死河"，大量生物死亡，人们无法在河里游泳。后来通过大规模的生态治理，才走到了世界环保的前列。中国只要下决心治理，依然可以后来居上。目前，中国在风能、太阳能、电动汽车等领域已经走到了世界的前列。

四、中国将促进人类文明的繁荣进步

小　李：波及全球的金融危机发生之后，全世界对人类发展的未来开始了广泛的反思。

小　夏：最近我也读了许多这方面的资料。尽管各种观点、提法很多，但我觉得，讨论的焦点还是资本主义如何发展、社会主义的价值在哪里。

张老师：这个话题是一个事关人类发展方向的大问题。工业革命以来，资本主义得到快速发展，其创造的财富、对社会发展的推动，以及由此而形成的价值体系，影响都是空前的。特别是苏联解体、东欧剧变之后，"社会主义失败"的观点很泛滥。许多人认为，资本主义的生产方式、社会形态是人类发展中最为理想的、最具有活力和合理性的。比如美籍日裔学者弗朗西斯·福山就认为资本主义是人类社会的终极形态。

小　李：但是美国"9·11"事件之后，人们开始了反思。特别是金融危机之后，这种反思成为一种社会潮流。那些曾经对资本主义社会充满赞誉的人们似乎开始意识到，这种社会形态和生产方式本身存在许多难以克服的问题，而这些问题可能把人类带向毁灭。

张老师：实际上就连弗朗西斯·福山这样的学者也对自己的观点进行了修正。许多曾经的自由主义经济学理论的倡导者、推行者也开始对自己曾经信服的观念进行"忏悔"。比如曾经是新自由主义经济学理论的坚定信奉者，也是日本激进"改革"倡导者的中谷岩就出版了《资本主义为什么会自我崩溃？——新自由主义者的忏悔》一书。而诺贝尔经济学奖得主，曾经担任过克林顿总统顾问委员会主席、世界银行首席经济学家的约瑟夫·E.斯蒂格利茨也出版了著名的《自由市场的坠落》一书。美国普林斯顿大学经济学教授保罗·克鲁格曼出版了《美国怎么了？——一个自由主义者的良知》一书。与这些主要从经济社会的角度进行反思的作品不同，还有许多从事历史文化研究的学者，特别是西方学者对西方历史与文化进行反思，对所谓的"西方中心论"提出了质疑。

小　李：我认为这些思考的出现并不是偶然的，这是人类理性的恢复。

小　夏：最近我也在思考这些问题。我觉得资本主义最大的问题是其理论基础，特别是市场原教旨主义，夸大市场对生产的调节作用，认为市场可以解决一切问题，否定政府对市场积极的调节作用，故而引发了危机。

张老师：从其生产方式来看，核心问题还是马克思所说的，是其生产的社会化与生产资料的私人占有之间难以调和的矛盾。随着资本主义的不断发展，生产的社会化程度日益提高，同时，资本的私人占有程度也越来越突出。生产的社会化要求整个社会的生产大致平衡。而私人占有生产资料，只能做到生产单位内部的平衡。但是，资本对利润的追逐是疯狂的，资本的天性就是得到更多的利润，这势必导致私人组织生产与社会化要求的矛盾。

当这种矛盾达到一定的阶段后，将引发危机。随着生产规模的不断扩大，全球化进程的不断推进，这种危机产生的影响将越来越大。

小　李：其实，从资本主义的道德观来看，也存在很多问题。资本的本性是追逐利润。这种唯利是图、个人主义、弱肉强食的道德观，将严重地损害人们的精神世界和社会关系。冷漠、利己、自私将使人向非人异化。

小　夏：这种生产方式和道德观也决定社会的贫富差距将不受限制地扩大，两极分化严重，从而损害社会的健康秩序。波及全球的"占领运动"，究其实质是对不公平的社会现实的抗议。

小　李：另一个非常严重的问题就是对自然环境和资源的破坏。生产的无限制扩大，将消耗更多的资源，进一步破坏环境。

张老师：在我们认识到资本主义自身具有的活力，以及对人类进步产生的积极作用的同时，我们对资本主义生产方式、社会构成、价值体系中存在的严重问题也必须有清醒的认识。所以斯蒂格利茨说："我们在错误的道路上已经堕落太久了。唯利是图战胜了道德责任。我们玩命追求高速增长，却不管自然环境和社会是否能够承受增长的代价。极端低俗的个人主义和市场原教旨主义早已严重侵蚀了我们的集体意识。我们玩命追求个人利益，却不能同心协力地解决社会面临的共同难题。"而现在西方世界就面临着这样一个非常严峻的时刻。

小　李：我记得英国哲学家罗素曾经说过这样的话：我们欧洲人的生活方式是斗争、剥削、不稳定的变化、不满及强烈地寻求破坏。导致破坏的效率主义最终只能使人类灭亡。人类面临着重要的选择，必须找到能够解决这些问题的方法和价值体系。他认为，在有助于人类幸福方面，中国文明要比西欧文明优越。中国如能取得政治特别是文化上的独立，发扬人道主义精神，就可以形成与近代西方物质文明不同的新的文明。

张老师：英国著名历史学家汤因比说过这样的话：西方过度工业化的道路已经走到尽头。过度工业化的道路是自我毁灭的道路。世界如果不能由东方国家统一，就将走上集体自杀的道路。他认为，未来属于注重农工平衡的中国的"中间道路"。如果以中国为核心的东亚结为一体，将成为未来世界的主导力量。1972年，罗马俱乐部发布了一个影响非常大的报告《增长的极限》。其核心思想就是说，地球为人类提供的资源是有限的，所以物质的增长也是有限的。而人类追求无限制的增长，将引发资源匮乏、环境污染、生态失衡等灾难。如此，人类将面临毁灭。可以说，这是非常清醒的论断，也应该说表现了人类的理性与良知。但是，我们知道，按照资本的本性，必然追求无限制的增长。这种态势必须靠我们人类的理性来寻找解决的办法。办法在哪里？显然西方文明对解决这一问题有局限性，我们应该重新把希望寄托在东方文明，特别是中华文明之上。

小　夏：不过我感到工业化以来，东方的话语权逐步弱化。现在世界通行的是西方在各种行为领域中制定的标准。

张老师：所以我们不能简单地跟在后面模仿，而是要反观我们的历史与文化，从中寻找能够解决现代人问题的思想价值资源。比如，如何看待"人"？东西方是不同的。首先，中国传统文化中，人是与其他人共同结成生活群体的分子。人生活在与其他人共同形成的社会之中。这个社会如果和谐、公平，个人就有一个良好的生存环境。所以儒家思想核心概念之一的"仁"，即人与人之间能够形成和谐的关系，维护这种和谐的关系，甚至愿意为此而牺牲个人的利益，才能够称之为"仁"。而西方则片面强调人的个人属性、利益，不注重与其他人之间的关系。因此，很多人已经意识到，在西方文化主导的社会中，人与人之间的关系比较冷漠，比较注重利益的交换；而在东方文化主导的社会中，人与人之间比较亲密，能够相互帮助，归属感、安全感比较强。从对人的不同理解中，我们可以看到对社会发展方向的影响趋势。一种是自私、贪婪、仇恨、竞争、斗争、战争、毁灭；另一种是整体、克己、仁义、包容、和谐、和平、新生。

小　夏：我看到有的书把西方文化比喻为"刀叉文化"，而把东方文化，主要是中国文化，称为"筷子文化"。

张老师：这两种文化是不同的。刀与叉之间是相互独立的。从其制作来看，是需要进行工业加工的，必须依靠机械。刀叉讲究的是切、割，强调的是对作用对象的"斗"。而筷子虽然也有独立性，但是使用时必须互相协调，共同发力，强调的是"合"。我感到这个比喻确实很生动。

小　李：刚才我们更多的是从人与社会的角度进行讨论。其实我觉得就人与自然之间的关系来看，东西方文化也不同。

张老师：的确如此。中国人讲的是"天人合一"。就是说，大自然是"天",而人是大自然中的一分子,是其中的一部分,自然和人是一体的。对自然的损害,同样也是对人自身的损害。所以中国人讲究节俭,就是说,不能消耗、浪费资源。我们讨论了人与人的关系、人与自然的关系,从中可以看出东西方文明的不同之处,并发现中国文化对解决人类当前面临的问题有极大的助益。

小　夏：一方面,我们不能否认资本主义对人类进步的重要作用,比如对科技的发展、生产的社会化程度、财富的创造、生活水平的提高等方面的贡献;另一方面,我觉得也是更重要的方面,就是要清醒地认识到应该如何应对、解决目前人类面临的困境。

张老师：如果我们能够理性地研究、分析资本主义的优势、存在的问题,并认真地研究中华文明中能够校正西方文明弊病的积极因素,就能够在现有基础上创造出新的文明形态,就能够走出目前的困境,塑造推动人类共同进步的崭新文明。

小　夏：记得季羡林先生曾经说过,只有中国文化、东方文化可以拯救地球。其实早在200多年前,伟大的启蒙运动思想家伏尔泰也说过类似的话:只要人们尊奉孔子的道德格言,地球上最幸福、最值得尊敬的时代就会到来。

CHAPTER FIVE

第五章　深化改革　直面挑战

——我们面临的考验和挑战

第五章

一、把我们党建设成为永葆先进性的政党

小　李：尽管我们已经取得了举世瞩目的成就，但是，我觉得还必须保持清醒的头脑。要看到，我们面临的问题还很多，差距还很大。

小　夏：现在人们比较关心的问题，如腐败问题、改革问题、发展问题、环保问题，等等，都需要下大力气解决。

小　李：要解决这些问题，我认为首先要加强党自身的建设。

张老师：目前全党正在开展以为民、务实、清廉为主要内容的党的群众路线教育实践活动，目的就是要解决党内存在的脱离群众的现象，扭转集中表现出来的形式主义、官僚主义、享乐主义和奢靡之风。我们党作为一个有90多年历史、8000多万党员的世界上最大的政党，面对巨大成就与严峻挑战并存的局面，保持了清醒的头脑。比如胡锦涛同志在庆祝建党90周年大会上的讲话中就明确指出，加强党执政能力建设和先进性建设，面临许多前所未有的新情况、新问题、新挑战。执政考验、改革开放考验、市场经济考验、外部环境考验是长期的、复杂的、严峻的。精神懈怠的危险、能力不足的危险、脱离群众的危险、消极腐败的危险更加尖锐地摆在全党的面前。所以，如何把我们的党建设得更加坚强，是解决好一切问题的根本。

小　李：我认为首先是理想与信念的教育。中国共产党在建党之时，就是具有崇高理想与坚定信念的党。在中国革命的漫长历程中，许许多多的共产党员为了这个理想与信念，付出了艰辛

的努力，甚至献出了自己的生命。正因为我们的党是由这样一些人组成的，所以表现出非常突出的先进性。

小　夏： 那年我们到井冈山旅游，很有感触。1927年，秋收起义失败后，毛泽东同志带领起义部队转移到永新县三湾村，进行了著名的"三湾改编"。当时，许多人牺牲了，有的人叛变了，还有许多人离开了起义部队，留下来的只有几百人。但是，就是这么弱小的力量最后发展壮大，解放了全中国。当时的环境不可谓不艰难，困难不可谓不大。但是，他们有坚定的信念，有崇高的理想。

小　李： 但是，在今天，我们有些党员干部的理想信念淡漠了，党的宗旨也遗忘了，党内仍然存在着一些与党的先进性要求不适应、不一致的突出问题。比如，一些党员先进性意识淡薄，理想信念不坚定，宗旨意识不强；一些领导干部和领导班子思想理论水平不高，解决复杂矛盾的本领不强，工作作风不踏实；一些地方党的基层组织建设还比较薄弱；一些领域的腐败现象还比较严重，特别是有些领导干部以权谋私、贪赃枉法、腐化堕落的案件仍时有发生。官僚主义、形式主义、脱离群众等问题表现得比较突出。有的党员甚至走上了违法犯罪的道路。要保持党的先进性，就必须下大力气解决这些问题。

小　夏： 说到这里，我认为另一个非常重要的方面就是要坚持不懈地解决部分党员干部的腐败问题。

张老师： 在当前社会转型时期，我国的腐败问题确实呈现出多发、易发的态势，对此，我们要有清醒的认识。但我也认为，我们要实事求是地看这个问题，既不夸大，也不缩小。中国的腐败状况在世界上处于什么地位？世界研究腐败问题最权威的机构是"透明国际"，每年都发表世界腐败指数报告，在其跟踪的约180个国家里，中国排在70位左右，也就是说处于中间的位置。印度、乌克兰、俄罗斯、阿根廷、巴西、菲律宾、孟加拉国等，均采用了西方政治制度，但腐败情况都比中国严重，更不要说许多非洲国家了。美国学者亨廷顿在其《变化社会中的政治秩序》一书中提出过一个观点："不论是在哪一种文化中，腐化都是在现代化进行得最激烈的阶段最为严重。"为什么一个国家经济发展时期也容易是腐败上升时期？其主要原因就是社会财富在迅速增加的同时，国家的法治水平和监管水平一时还跟不上，这种情况可以说是大国崛起的阵痛，过去英国、法国、美国、日本都经历过这样的阶段。

小　李：腐败问题确实需要时日才能解决，而且即使解决了老的腐败问题，还会出现新的腐败问题。

小　夏：美国2008年开始的金融危机就暴露出大量的"第二代腐败"问题。华尔街的金融欺诈和监管套利令人发指，祸害全世界。但是我看到，没有采用西方多党制的新加坡和中国香港是亚洲反腐最成功的典型，他们的经验就是建立一个比较独立的反腐体系。

小　李：我们也可以先在一些地方试点，成功后逐步推开。反腐败是个长期的过程，我们最终还是需要通过法制建设、经济和教育的发展等，才能从源头上和制度上决定性地减少腐败。

张老师：反腐是"良政善治"努力的一部分。中国面对的所有问题，如贫富差距、腐败、环境污染，等等，历史上所有崛起的国家都遇到过，我们今天处理得不比他们当时差，今天在这方面出现的问题也并不比他们当时更严重，而且我们必定会解决得更好。

小　夏：现在大家经常说的，把权力关进笼子，反腐败要老虎、苍蝇一起打等，既证明了我们党坚持反腐败的决心，也反映了普通老百姓的意愿。

张老师：保持党的先进性，还有一个同样重要的问题，就是要努力增强我们党员干部处理复杂问题的能力。现实生活中，经常会有这样的情况：政策是好的，但在执行过程中却出现了问题，结果产生了负效应。所以有一种说法叫"经是好的，但让和尚给念歪了"。还有一种情况，由于我们的干部不适应新形势的要求，在遇到矛盾、问题时处理不当，结果没问题变得有了问题，小问题演变成大问题。

小　李：执政时间越长，改革开放和社会主义市场经济发展越深入，国内外形势变化越深刻，越要高度重视保持和发展党的先进性，越要推进和加强先进性建设。中国共产党为什么能始终站在时代发展前列和社会发展进步的潮头？就是因为她能在与时俱进中始终保持先进性，这是一个永恒的课题。

张老师：实践证明，我们党始终对执政形势的挑战有着清醒的认识和有效的应对举措。从政党历史发展看，先进的政党是敢于正视自己的错误并及时改正错误，敢于正视自己的问题并及时解决问题的政党，否定之否定本身就是一种自我超越。只要我们党能够正视并认真对待自身存在的不足，一方面苦练内功，提高执政能力；另一方面积极向世界各国学习先进经验，弥补不足，才能彻底战胜"四个考验"和"四个危险"的挑战。

小　李：有道理。其实先进性就是中国共产党千锤百炼的优秀品格。在90多年的历史进程中，一系列"障百川而东之，回狂澜于既倒"的历练，证明了我们党的先进性，证明了无数优秀共产党人始终在实践这种先进性。这就是人民拥护中国共产党的根本依据，也是我们党能够带领全国人民走上复兴之路的保证。

二、改革没有休止符

小　夏：现在，人们极为关注的还有改革问题。

小　李：其实，十八大报告对这个问题也进行了非常明确的阐释。十八大报告指出，全面建成小康社会，必须以更大的政治勇气和智慧，不失时机地深化重要领域改革，坚决破除一切妨碍科学发展的思想观念和体制机制弊端，构建系统完备、科学规范、运行有效的制度体系。这表明我们党要进一步坚持改革开放的决心。

小　夏：但是人们还有许多疑惑。比如有的认为改革改过了，没有过去好了。还有人说，改得太慢了，迟滞了，等等。

张老师：我觉得，人们对改革的关注正是对国家发展的关注。但是究竟怎么改、走什么路，大家比较担心。十八大报告说，我们既不走封闭僵化的老路，也不走改旗易帜的邪路，而是要坚定不移地走中国特色社会主义道路。否定改革的成就、进步，认为应该回到改革开放之前，就是我们所说的封闭僵化的老路。而脱离中国的现实，按照西方发达国家的模式进行改革，就是改旗易帜的邪路。这都是不可取的，是要坚决防止的。我们推进改革，必须走中国特色社会主义道路。这是保证我们全面建成小康社会、实现民族复兴的根本。

小　李：你看，在中国加入WTO 10周年的时候，美国又跳出来"指点"咱们了，说什么自由市场改革倒退、国家加强对经济的控制，等等。

张老师：我也注意到这个新闻了。

小　夏：财经网上还刊登了美国驻世贸组织代表庞克的"宣言"，他说："中国越来越倾向国家资本主义，没有本着加入世贸组织的初衷，向经济改革的目标继续迈进。"他还说："与中国之间的贸易摩擦，在越来越多的情况下都与中国的行业政策有关，这些政策扭曲贸易规则，保护中国国企和国内产业。"

张老师：其实，这就是美国在国际贸易中的霸权主义做法。他们通常是自己搞完贸易摩擦后，就把罪名栽赃给别人，还经常指责其他国家的市场经济改革不符合他们的逻辑。

小　李：我也感觉是这样。他们强行推广"美国模式"，恨不得让全世界都运用他们的逻辑、思维和方式。

小　夏：哦，美国是说咱们的改革没有按他们设想的方向前进，走向了对立面。

张老师：这就是我们所说的"邪路"。在民族复兴的道路上，我们绝不能不改革，更不能退回去。同时，改革也绝不能照搬西方的模式。我认为核心的问题有这样几点：一是在经济上，要坚持两个"毫不动摇",即毫不动摇地巩固和发展公有制经济,推行公有制多种实现形式;毫不动摇地鼓励、支持、引导非公有制经济发展。在政治上,必须坚持党的领导、人民当家作主、依法治国的有机统一,以保证人民当家作主为根本,以增强党的活力、调动人民积极性为目标,扩大社会主义民主,加快建设社会主义法治国家,发展社会主义政治文明。在方法上,要坚持积极稳妥的方针。具体来看,有这样几个重点。

小　夏:哪些重点呢?

张老师:首先,要在转变发展方式上下功夫。我们的经济结构不合理,创新能力不强,依靠在产业链的低端发展我们的制造业,是不行的。

小　夏:我记得郎咸平教授说过,完整的产业链包括设计、生产、储藏、物流、销售、定价等环节。而我们在这个链条中只占有生产一个环节,这样的结果就是加大了对资源的消耗,却只换取了这个产业链条中极少的收入。这种方式是难以持续的。他同时还总结晋商纵横欧亚的经营经验,认为他们之所以能取得成功,就是因为他们把茶叶生产的整个产业链全部控制了,因此也就得到各个环节的收入。特别是控制了定价这个环节,使晋商的话语权大大增强。

张老师:所以我们必须通过改革,努力增强我们的创新能力,增强我们自己的话语权,创造属于自己的民族品牌,改变这种不合理的经济结构和不合理的发展方式。第二个非常重要的问题就是要进一步处理好市场与政府的关系,要更加尊重市场规律，更要发挥好政府的积极作用。改革开放以来，我们在经济领域引入市场经济，激发了各个方面的创造力。同时，市场对资源配置的积极作用也焕发出来了。另一方面，又高度重视政府调控，避免了许多市场这只看不见的手的盲目性，总体上保持了经济的平稳快速发展。

小　夏：但是有许多批评，认为中国经济的发展必须走充分的市场经济道路，要用市场化来推进改革。

张老师：这里主要还是说市场与政府之间的关系。新自由主义经济学认为，要尽可能地减少甚至放弃政府对经济的干预，一切经济行为只要靠市场就可以调节。这显然是不对的。一是世界上任何一个经济体都有政府的积极作用，没有所谓的没有政府干预的经济。比如世界上最强大的几个经济体——美国、日本、德国，包括中国，都是这样的。二是现实生活中已经有许许多多的实例证明，政府的干预对经济的发展有非常重要的作用。仅以美国为例，20世纪30年代的资本主义经济危机中，罗斯福推行了新政，其中最主要的就是政府的干预。2008年的金融危机中，美国国会也通过了用政府财政救市的方案，被反对者批评，认为奥巴马政府走向了社会主义。其实问题不是政府应不应该对经济进行干预，而是应该采取什么样的方法、在什么程度和范围内进行，也就是说，问题是市场和政府的关系应该如何更好地协调，而不是简单地否定政府的积极意义，放大市场的作用。宣扬所谓的没有政府干预的经济，不是无知，就是别有用心。我们不能眼看着美国已经犯了的错误又重新出现在我们自己的国家。

小　夏：所以，在这个问题上，改革是要进一步处理好市场与政府的关系，这是我们推进经济体制改革的核心。

小　李：还有一个非常重要的问题，就是政治体制改革。

张老师：这个问题也是人们关注的焦点。我们要推进政治体制改革，但必须清楚，改革不是要改变我们国家共产党执政、人民当家作主的地位，而是要进一步完善我们的政治体制。比如，如何使我们的决策更好地发扬民主，体现人民群众的根本利益需求；如何对权力进行有效的约束和监督；如何保证社会稳定发展；如何进一步简政放权，提高行政效率；等等。

小　李：在这方面也有很多观点。比较突出的一种观点认为，中国不能再坚持一党执政，而是应该像发达国家那样搞多党制。

张老师：关于这个问题，我们也要注意几个方面：一是不同的国家有不同的国情和不同的文化。像美国那样的移民国家，国民有不同的背景，来自世界各地，代表不同的利益群体，因此更希望通过某种契约的形式来体现和保证自己的利益。今天是这一利益集团的代表人执政，到一定时期后又可能是另一利益集团的代表人执政。而中国是一个有五千年文明史的国家，我们的人民祖祖辈辈在这块土地上生活，他们把自己生活的土地当做自己的家来看待，而不是像移民国家那样愿意移动。这样，人们更希望有一个能够代表自己利益的政权主体像管理自己的家一样管理社会。二是所谓的多党制，其实从本质上看，也基本是一党制。日本，长期是自民党执政。前几年民主党通过选举取得了政权，但在几年时间内换了三个首相，最后还是把政权交给了自民党。美国表面上是两党轮流执政，但不论是共和党还是民主党，在他们背后都有一个庞大金融资本集团的背景，可以说是金融党执政。第三，要看到目前实行了所谓的民主制度的国家，并不仅仅是我们可以数出来的十几个发达国家，还有更多的不发达国家。但是，这些不发达国家简单照搬西方的民主制度，使国家陷入难以克服的困境。比如海地，被认为是一个破产的国家。再比如伊拉克，还有"阿拉伯之春"革命之后的突尼斯、埃及、利比亚等，全部陷入混乱。印度被西方誉为世界上最大的民主国家，但是在印度，有全世界最大的贫民窟。在孟买这样的城市，有2/3的人住在贫民窟中。其社会的不平等非常严重，不仅不同的阶层之间贫富差距很大，性别歧视也很严重。女性的权益不仅得不到保障，而且难以得到承认，以至于国外的女外交官也被轮奸。还有，其行政效率极其低下。印度虽然建立了与西方一样的法律制度，但审理一个案件，往往拖延七八年都审不出来，要办成一件事非常困难。

小　夏：我有同学曾经去过这个世界上最大的民主国家，回来后大为感叹。他说许多事情几乎不能想象，比如漂着无数尸体的恒河、连火车顶上都挤满了人的铁路运输，等等。

张老师：所以，改革绝不能简单地照抄照搬，而要与我们国家的具体实际结合起来，看什么样的制度形态是最符合人民群众利益的，是能够保证我国发展与进步的。当然，我们也不是说西方的东西就什么都不好。任何的虚无主义和盲目崇拜都不对。我们需要认真研究、学习、借鉴西方发达国家好的东西、于我有益的东西，同时，也要清醒地知道我们自己好的东西、有用管用的东西是什么。

小　李：总而言之，我们要在党的领导下坚持推动改革，坚定地走中国特色社会主义道路。

三、解决好发展不平衡的问题

小　夏：张老师，您看到中国社会科学院发布的《2011年中国产业蓝皮书》了吗？上面讲，中国已成功地从低中等收入国家迈入中上等收入国家，在迈向高收入国家的前半段，并没有落入"中等收入陷阱"，产业竞争力提升助中国跨越"中等收入陷阱"。那么，这个"中等收入陷阱"是什么呢？

张老师：这个概念最先是由世界银行提出来的。2007年，《世行东亚经济发展报告》对东亚一些中等收入国家向高收入国家迈进的过程中出现的问题进行了研究。这些国家难以摆脱以往由低收入进入中等收入的发展模式，很容易出现经济增长的停滞和徘徊，人均国民收入难以突破1万美元，从而产生了一系列发展中的问题，如高速增长的停滞或回落，社会领域、区域经济、产业结构不平衡，贫富差距拉大，城乡二元结构差异凸显，等等。"中等收入陷阱"这一现象首先出现在拉美地区，继而在一些亚洲国家也开始出现。

小　李：我国经过30多年的改革开放，经济持续高速增长，人民收入也不断提高，可以说，已经从低收入国家发展到人均GDP超过3000美元的中等收入水平的国家，那么，我们是否也面临着这一"陷阱"的挑战呢？

小　夏：虽然改革开放30多年来，我国经济建设取得了巨大成就，初步具备了一些中等收入国家的特征，但同时也面临着区域发展、城乡发展不平衡，收入分配不公、贫富差距拉大等一系列问题，存在着陷入"中等收入陷阱"的风险。

小　李：哦，有哪些表现？

小　夏：我这里正好有一些材料，你看，中国的城乡发展差距还比较大。改革开放后城乡收入差距曾一度有所缩小，1983年城乡居民人均收入为1.82∶1，但后来又逐步拉大，2009年扩大到3.33∶1。从绝对差距来看，1978年农民人均纯收入与城镇居民人均可支配收入相差209.8元，1992年差距突破千元大关，达到1242.6元，2009年达到12 022元。此外，区域发展差距明显。30多年来，各地居民收入都有了大幅度增长，但不同地区间收入差距在拉大。2009年我国东部地区年人均收入为38 587元，西部地区为18 090元，差距达2万余元。从省际差别来看，最高的上海市年人均收入为76 976元，最低的贵州省为9187元，两者相差67 789元。目前全国4007万贫困人口中，中西部地区所占比重高达94.1%。另外，城乡、区域之间基本公共服务水平的差距也较大。目前西部地区人均教育经费支出仅为东部地区的73.5%；城市拥有约70%的卫生资源，而广大农村只拥有约30%的卫生资源，农村居民人均卫生费用不足城市居民的1/4。

小　李：城乡差距方面我体会很深。虽然我所在的那个村各方面都不错，但是与城市的发展差距还是很大的。农民种粮的收入很少，基础设施和社会事业存在许多问题。还有一个很重要的问题，就是行业之间的差距也表现得比较突出。另外，从整体来看，经济发展速度与社会保障、社会服务之间还存在很大差距。我认为，这些不平衡问题如果解决不好，就有可能会陷入"中等收入陷阱"，可持续发展也就难以实现。

小　夏：的确如此。还有一个问题，就是经济的快速发展与这种发展对资源的极大消耗、破坏形成的不平衡。解决好这些问题对我国当前的发展十分关键。

小　李：也就是说，当前的关键是如何规避这个"陷阱"。

小　夏：对于这个问题，我还没有思考成熟呢。但是，我认为目前的确存在发展不平衡问题，特别是经济、环境和社会发展的不协调。跨越"中等收入陷阱"需要经济、社会和环境三大支柱均衡发展。一些国家往往只关注经济增长这条"长腿"，忽略了环境和社会问题，这是掉入"中等收入陷阱"的重要原因。

张老师：我觉得，首先要看到发展不平衡问题的存在。我们引入市场机制就可能出现发展不平衡问题，产生区域、城乡、居民收入差距和"外部性"问题，这些是市场机制失效的具体表现，也意味着政府宏观调控的不可或缺。我们要认识到，出现发展不平衡，是发展中的问题，是在经济实力大大增强、生活水平大幅度提高基础上的相对不平衡。我们的改革和发展不可能是四平八稳的，总有先行的地区和行业。比如珠江三角洲的搞活和率先改革开放，带动了其他地区的比学赶超，虽然地区差距出现了，但是取得了满盘皆活的效果。

小　李：这是有利的一面。不过，发展不平衡带来的问题更严重吧？

张老师：是的。发展不平衡存在着严重的弊病，隐藏着严重的后果。区域发展不平衡长期得不到改善，差距过大，会进一步造成生产要素向发达地区集中，发达地区资本过剩、人才过剩、人口过密，出现城市病。而欠发达地区则相反，易产生马太效应，强者更强，弱者更弱。分化的结果是整个经济体结构功能下降，发展速度下滑。城乡差距过大会加剧城乡矛盾，广大农村居民的消费能力进一步萎缩，对于构建内生型经济增长方式、扩大消费需求不利，也不利于加快城市化进程，消除二元经济结构。在社会保障体系尚不健全的情况下，居民收入差距不合理扩大会使一部分低收入者的生存成为问题，直接影响社会稳定。

小　李：发展不平衡问题是各种复杂因素共同作用的结果，对这一现象要有一个客观的、历史的、辩证的认识。既不能因为不平衡的客观存在产生消极负面情绪，怀疑改革开放和中国特色社会主义道路的正确性，也不能过分强调发展不平衡的合理性。

小　夏：怎样才能解决发展不平衡问题，有效规避"中等收入陷阱"呢？

张老师：我认为，"中等收入陷阱"并不是发展的必经阶段，要改变一些地区普遍存在的纯粹增长主义倾向，解决发展不平衡问题，跨越"中等收入陷阱"，重在防止增长主义导致"成长陷阱"，抓紧转变经济发展方式这条主线，走公平与可持续发展的道路。比如，要进一步加大中央财政支持，推动重要资源要素向农村配置，加快城镇化和新农村建设，切实解决城乡发展不平衡问题；继续实施区域发展总体战略，完善区域协调发展的政策体系，加大对欠发达地区的支持力度，推进基本公共服务均等化，逐步改变区域经济发展不平衡状况；积极改变目前的国民收入分配在国家、企业、居民间的比例，扭转收入分配差距扩大的趋势，直至最终缩小收入分配差距等，从而实现经济、社会、政治、生态环境等各领域的持续、协调发展，使经济增长回归"包容"、"共享"的本位，这也是发展的本质要义。

小 李：刚才您说要抓住转变经济发展方式这条主线，其重要性如何体现？

张老师：十八大报告指出，以科学发展观为主题，以加快转变经济发展方式为主线，是关系我国发展全局的战略抉择，意义十分重大。我们都知道，改革开放前30年我国经济的快速发展主要是规模的扩大、粗放式生产的增长。但是，这种增长到一定程度后，是难以持续的。比如，我们的资源环境难以承受，劳动力成本将快速上涨。同时，随着世界经济状况的改变，特别是国际经济持续处于徘徊停滞状态，外需受到很大的影响，等等。我们必须适应经济发展的新形势，下大功夫转变发展方式。

小 夏：我看到一份资料，说我们的出口主要是日用消费品和为国际跨国公司生产的代加工产品，也就是所谓的一般消费品，而真正具有自主创新品牌和高新技术产业的产品则比较少。

张老师：这也说明我们经济结构的不合理性。实际上，世界各国在其发展进程中，总是要随着经济发展的形势转变自己的发展方式。我们知道，美国曾经是世界上最大的制造业生产国，但是当制造业发展到一定程度，出现市场饱和后，美国引领了全球范围的信息技术革命，形成了以信息产业为引领的新兴产业。现在，美国又在进行新的调整，就是吸引已经转移的制造业回到国内，再造制造业。同时，岩页气的出现也产生了革命性效应，将改变全球对于传统资源的依赖状况。如果美国的这种转变成功，将不仅推动美国国内经济的发展，也将极大地影响全球的经济。

小　李：那么，我们必须在30多年发展的基础上，改变过去那种"高投入、高排放、高污染、低质量、低效益"的粗放式发展方式，进一步激活各类市场主体，努力增强创新能力，构建现代产业发展体系，更多地依靠现代服务业和战略型新兴产业的带动。

张老师：实际上，所谓的"中等收入陷阱"，也就是这些达到中等收入的国家在经济转型过程中没有处理好经济发展方式的问题。

小　夏：现在人们有很多意见，特别是一些关系到人们生活的问题，成为社会关注的热点。比如就业问题、上学问题、住房问题、食品安全问题，等等。

张老师：这关系到我们整体发展的思路。是单纯地追求增长，还是在保持一定增长的同时，把更多的资源、精力用在解决民生问题上，让老百姓在经济收入增加的同时，幸福感也不断增强。

小　李：其实政府在解决民生问题方面也做了大量的工作。比如农村，我们那里已经按照政府的安排，全部完成了道路、学校、超市、文体活动中心、广播电视村村通等的全覆盖。农村的合作医疗保险、养老保险以及种植养殖补贴等，都能够按时发放。村民实实在在地感受到政府在这些方面的努力。

小　夏：住房也是人们议论的一个重要话题。我看过一部电视剧，里面有一句台词说：我们加在一起都快70岁了，还没有自己的房子。

张老师：住房问题确实是目前大家非常关心的问题。一方面，我们要看到房价高企，老百姓的购买力还难以承受。另一方面，也要看到中国的具体国情。中国人有世界上最强的置业传统，住房自有率全球领先。根据住建部最新公布的资料，中国城镇住房自有率是89%。分析一下你说的那句台词，也就是说，两个人都不到35岁，要有产权属于自己的房子，这在瑞士这样的福利国家是没人敢说的，因为做不到。瑞士的住房自有率仅为36%，大约是上海的一半。实事求是地说，国人在住房上的要求超过了发达国家的水平。在欧洲，能拿到银行的房贷，就是对你中产阶级地位的确认。在瑞士，如果你房贷付清了，你就是富裕阶层，政府要征收"财富税"。但是我们也要积极地探索解决我国住房问题的方法措施。现在，政府在这方面也做了大量的工作，比如平抑房价。我觉得这方面的成效不明显。但是，在解决棚户区问题方面，成效很显著。比如山西大同煤业集团，我曾经参观过他们的改造工程，规模宏大。同时，政府也加大力度修建城市居民的廉租房，收到了积极的成效。另一方面，我们也需要探索解决住房问题的新思路。比方说，可以把租赁和购房结合起来，租赁房屋达到一定的年限，租户就可以优惠价格购买租赁的房子；我们也可以参照1998年房改政策，有条件地以建筑成本价把最低保障住房售给符合条件的年轻家庭，从而在更大的范围内形成世界上最庞大的有产阶层。总之，各地都在进行积极的探索。有恒产者有恒心，这对中国的长治久安非常有利，对于拉动国内经济和消费也是有益的。

小　李：要改变发展不平衡的问题，我觉得要解决几个方面的问题。首先要加大资源向落后地区、边远地区和农村地区的转移。先发展起来的地区、行业要承担积极的社会责任。政府也应该制定相应的政策。

小　夏：还有一个方面就是要改善分配方式，让二次分配更多地向解决社会问题、民生问题倾斜。在投入方面，也要注意在社会保障、生活基础设施等方面加大力度。

四、只有可持续发展才能保证不断进步

小　李：我们说要坚持科学发展，其中一个非常突出的问题就是发展的持续性问题。如果只有今天的发展，而没有未来的发展，民族的复兴就不会成为可能。

张老师：其实，可持续发展已经成为全世界都关注的一个重大问题。40年前的"只有一个地球"的《人类环境宣言》，就很明确地表明，人类在全球化进程中，随着工业化、现代化的推进，仍然需要接受新的挑战，处理好可持续发展的问题。我们绝不能靠牺牲生态环境和人民健康来换取经济增长，一定要走出一条生产发展、生活富裕、生态良好的文明发展道路。但是，30多年来的经济高速增长目前也遭遇了"可持续发展能力低"的挑战，特别是资源不足和生态恶化，已成为制约经济可持续发展最

大的"硬约束"。

小　夏：您说的是一个基本方面。我认为可持续发展面临的最大挑战是过度依赖国外资源、对外贸易、政府投资的经济增长，这使我国经济面临着更大的不确定性和风险。这是经济发展战略层面的问题，也是最根本的因素。

小　李：我认为你的这一认识是片面的。俗话说："巧妇难为无米之炊。"无论是促进经济增长还是实现经济发展战略，说到底，都需要一个基本的可持续的"投入—产出"过程。因此，物质资源拥有量及其持续供给能力，是决定经济能否持续增长的关键。可以看到，我国资源短缺，人多地少，水少，油少，富矿少，许多重要资源人均占有量远远低于世界平均水平，我们的持续快速发展首先遇到的就是可用经济资源不足问题的直接制约。

小　夏：对呀！正是因为一方面受资源不足的制约，另一方面因经济过热和消费结构升级所导致的扩张型经济快速增长，使得中国经济对国际资源依赖的程度迅速加深。

小　李：张老师，我认为目前制约我们可持续发展的最重要因素是资源不足和生态恶化的问题，小夏认为问题的根本在于经济增长过度依赖国际资源，对这个问题您怎么看？

张老师：你们的观点都没有错。其实，除了你们提到的因素外，还有人力资源的制约，如由于人口高峰、就业高峰和人口老龄化高峰将同时到来，人口拥挤及其成本将制约中国经济的持续增长。还有一个非常重要的问题，就是我们的经济结构不合理，产业技术水平低，特别是在高新技术领域，竞争力还比较弱。我们的管理手段还比较落后，导致资源利用效率低，更成为中国经济持续增长的"绊脚石"。再比如，虽然改革开放以来我国经济平均增长率一直保持在8.8%的高速度，但其经济增长成本却高于世界平均水平25%以上。这就是说，中国在各种资源都相对不足的情况下，资源浪费和使用粗放始终伴随着经济增长，讲速度而忽视效益的"痼疾"并未消除。

小　李：那么，我们未来可持续发展的出路在哪里呢？

张老师：你们看，保持持续稳定高增长速度是我们发展的基本要求。然而，欲速则不达。我们必须保持健康的心态，冷静分析我们的优势和劣势，真正认识到因经济与社会、城市与乡村、地区与地区、人与自然、国内经济与对外开放等"不协调"而需要付出的高昂代价，才能找出探寻可持续发展之路的"阿基米德支点"。

小　李：怎么理解这个"支点"呢？

张老师：可持续发展的核心是发展，但要求在严格控制人口、提高人口素质和保护环境、资源永续利用的前提下进行经济和社会的发展。也就是说，绝不能"吃祖宗饭，断子孙路"。《人类环境宣言》中有一句话：世间一切事物中，人是第一宝贵的。因此，我们要大力实施科教兴国和可持续发展战略，建立促进经济社会可持续发展的机制。

小　李：哦，看来所谓的可持续发展，就是在满足当代人需要的同时，不损害后代人满足其自身需要的能力，进而实现经济增长、社会发展和资源永续利用。它的核心就是提高人的素质和知识对经济增长的贡献。

小　夏：阿基米德说："给我一个支点，我可以撬动地球。"原来"支点"就在我们每个人身上！

小　李：我们只有一个地球，我们共同生活在这个星球上，有责任携起手来，保护好赖以生存的家园，不让它出现'寂静的春天'，而是要永远享有鸟语花香的世界。

张老师：是的，只有实现可持续发展，才能推进人类文明的不断进步，这是人类千万年来的智慧积累所成。

五、认清发达国家的战略意图

小　李：我们的发展还是面临许多不好预测的问题。比如2008年金融危机对美国及全球经济的影响，其严重程度、复杂程度与覆盖范围都是二战以来全球之最啊！

张老师：小夏，你是学国际贸易专业的，你认为金融危机背后美国的国家战略布局有什么变化？

小　夏：金融危机显示出泡沫消费增长模式已经难以为继，从根本上动摇了美国的经济基础，打破了世界经济平衡，破坏了世界政治经济格局稳定，为全球经济未来走势埋下了诸多不稳定因素。

小　李：张老师，我刚才看了新闻，人民币兑美元的汇率又创了历史新高，1美元兑人民币6.5897元。

张老师：你们要看到这些现象背后的实质问题。金融危机爆发后，美国对内采取一系列改革措施，但政策收效不大，国内经济仍然在衰退边缘游走，失业率高，财政赤字巨大，对外逆差难以扭转，国内消费市场难以重振。在这种情况下，美国要打破经济发展的瓶颈，必然要极力维持有利于美国的经济秩序，迅速找到转嫁危机的对象。

小　夏：是的，美国对外经济战略一般是针对两大对手，遵循两条主线：一方面狙击欧元，加强美元基础货币地位；一方面运用汇率战、货币战、贸易战等打压新兴经济体，转嫁危机，并用强大的金融力量遏制对手，巩固其强权地位。

张老师：所以，美国抓住"欧债危机"的机遇，使美元继续保持世界基础货币地位，得到控制世界经济的"尚方宝剑"，欧元区则变得岌岌可危。另外，进行汇率战、贸易战和货币战等打压新兴市场，使新兴国家出口迅速降低，实体经济受挫，为美国投资资本找到获利渠道。同时美国调整银行利率，量化宽松货币，增加世界流动性。由于对美国经济前景消极的普遍预期，使得巨资大量涌入世界新兴经济体，导致包括中国、印度、巴西在内的新兴经济体通货膨胀预期加大，资产泡沫加大。

小　夏：您分析得对，如同20世纪80年代对日本一样，美国想采取同样的方式让中国屈服，为其面临的经济危机埋单。

张老师：是的，美国对此进行了一系列的战略部署。在经济战略上，美国采取了许多对策。比如，在贸易方面，针对中国制定了一系列的进口限制措施，打击中国出口。在金融方面，2005年以来，迫使人民币升值。这些措施使中国出口外向型经济迅速遭到打击，沿海制造业陷入困境。与此同时，启动新兴战略规划，制定有利于美国的行业标准和技术标准，而该规则最大的受害国自然是中国等新兴经济体。在政治上，以人权战、气候战等为主线，释放"中国威胁论"。在外交上，联合欧盟、日本等国，控制中国周边国家，建立政治包围圈。在军事上，加强东北亚军事部署，增强军事实力存在，等等。

小 李：这么一分析，我感到我们国家确实面临着以美国为首的发达国家一步紧似一步的围堵和遏制。

张老师：当然，围堵与遏制之外，也有合作、利用等复杂的因素。比如，就经济而言，发达国家也非常希望中国的市场、资金对他们的经济产生积极作用。在国际事务中，也希望中国发挥影响，等等。但是，这只是问题的一个方面。另一方面就是不希望中国的发展影响他们自己在世界政治经济格局中的地位，所以他们要采取各种手段来制约中国的发展。就经济、军事等方面来看，许多问题大家都可以看到，也是比较清醒的。我觉得更严重的问题是发达国家在文化上对中国等发展中国家的遏制。

小 夏：这个问题我还没有更多的了解。

张老师：我们不仅生活在一个物质的环境中，更重要的，我们还生活在一个观念的或者说文化的环境之中。我们使用什么技术、工具，比如坐什么车、用什么手机，等等，是一种物质的生活。但是，我们如何进行判断，以什么为标准，这些就是观念的或者说文化的生活。问题的严重性就在于我们常常是以别人的标准来对我们自己的事情进行判断，这是非常危险的。

小 夏：张老师，您说得具体一点。

张老师：工业革命以来，欧美发达国家的科技、经济得到非常迅猛的发展。与此同时,"西方中心论"甚嚣尘上,成为人们解释世界的一种标准。特别是一些人故意遮蔽东方国家,包括中国、印度、阿拉伯地区对人类文明的贡献,把西方塑造成一个先天优秀的世界,进而引导人们唯西方马首是瞻。发达国家根据自己发展的需要,宣扬可能连自己都不相信的所谓"普世价值",制定一系列符合自身利益的国际规则,实际上对发展中国家来说,由于其发展的滞后性,难以适应这些规则。如果你不按这些规则办事,他就会说你破坏国际规则。如果你按这些规则办,对自己国家的发展就是一种严重的损害。比如贸易保护,一般来说是不好的,因为这不利于产品、技术、资金、资源、市场在全球的合理流动,会增加生产成本等。所以我们都反对贸易保护主义,希望各国能够开放市场。但是具体来看,我们就会发现,反对贸易保护最积极的是发达国家,而事实上进行各种贸易保护的也正是这些国家最突出。另一方面,发展中国家的经济处于成长时期,是非常需要保护的,因为它还不具备进入国际市场竞争的条件与实力,如果不保护,就难以成长。因此,我们可以看出,发达国家倡导市场自由,反对贸易保护,表面来看,是正确的,无可厚非,但实质上对发展中国家形成了遏制。这就是说,西方发达国家在话语权方面具有强势地位,它们善于利用表面正确的东西实施遏制。我们对此要有清醒的认识。

小 夏:最近我看到一本书,叫《富国的伪善:自由贸易的迷思与资本主义秘史》,书中也谈到了我们刚才讨论的内容。比如发达国家所谓的主流经济学家倡导自由贸易,但是,不论是老牌的资本主义国家英国，还是后起的资本主义国家美国，在其工业发展的初期，都采用了贸易保护政策。美国第一任财政部长汉密尔顿曾经向国会提交了《关于制造业的报告》，要求对美国正在发展中的制造业进行保护，包括对相关产业进行补贴，提高相关产品进口的关税，等等。而美国正是在这种保护下，其制造业才得以快速发展。也正因此，汉密尔顿被称为"美国现代制造业之父"。

张老师：这种源于观念的价值选择，实际上就是一种文化遏制，其核心就是否定发展中国家的价值观、历史和文化自信，让发展中国家的人民相信发达国家的价值观是唯一正确的，是必须遵从的。但这些表面正确、冠冕堂皇的观念，是否对发展中国家适用，就是另一回事了。

小　李：最近很火的张维为的《中国震撼》一书就指出，不要被西方话语忽悠。他说，西方手里有一把榔头，名字就叫"民主、自由、人权"，但是其定义却是由西方来界定的。他可以拿这把榔头来到处敲打别人，以摆平世界，实现自己的利益。我认为，这就是西方发达国家运用观念或者说文化来遏制别国的重要体现。

张老师：面对日益严峻的外部局势，我们首先要有清醒的认知。其次，在文化层面，要有文化自信，要认真研究那些看起来很好的观念对我们自己的发展有没有实质性的帮助，绝不能人云亦云，简单盲从。在经济层面，要坚持我们的发展道路，既要借鉴市场经济，特别是发达国家的成功经验，同时更要清醒地认识并抵制那些不能为我所用的东西，维护国家的经济命脉。比如，要避免人民币的大幅波动，同时要控制国内资产泡沫，抑制通货膨胀，启动国内消费市场，扭转"三驾马车"畸形发展的局面，转变战略中心，实现真正的产业转型升级，迎接下一个经济周期的来临。

小　夏：是啊，我觉得无论国际局势如何变幻，发展都是硬道理，我们还是要着力营造良好的发展环境。

小　李：对于美国战略意图问题，我和小夏的认识基本一致。我们热爱祖国，在和平发展大局下，坚决维护国家利益。

张老师：说得好。一直以来，我们的和平发展战略意图都受到西方国家的质疑，他们认为我们发展后必将会挑战美国，并利用周边一些国家的疑虑进行挑唆。中国的战略意图就是4个字：和平发展，即对内求和谐、求发展，对外求和平、求合作。所以，以美国为首的敌对势力害怕中国发展，恰恰反映了他们内心的空虚与无谓的恐惧。

小　李：是的。我们有应对危机的信心，有战胜敌人的勇气和能力。和平发展是我们的追求，但是，我们也会不惜一切代价维护和平发展的环境。

小　夏：嗯，我们目前正处于改革发展的关键时期，所以，破除遏制发展的各种企图，坚持走和平发展的道路，营造良好稳定的国际环境，是我们的核心需求。

CHAPTER SIX

第六章　大学生要发展　离不开正确的价值观
——与大学生价值观有关的话题

第六章

一、祖国是我们的家园

小　夏：我看到一个报道，是个真实的故事。一名记者到巴黎大学进修，第一堂课就被一位教授点名提问："我可以知道你是来自哪个中国的么？"这位记者回答："只有一个中国。教授，这是常识。"教授又递来一句话："如今摆在你们国家领导人面前最重要的问题是什么？""依我之见，如何使中国尽早富强起来是最迫切需要考虑的。"教授又问："那么，中国富强的标准是什么？"他紧紧地盯着教授说："最起码的一条是：任何一个离开国门的同胞，再不会遭受这样的刁难！"

小　李：这其实也反映出一个问题：如果这不是刁难，至少也说明西方国家许多人对中国还心存芥蒂，或者很不了解。我们所要做的，不仅是要让更多的人了解自己的国家，同时也要让更多的人认同我们的国家。但是，如果国家衰弱，国人必然会遭受冷遇和屈辱。竺可桢就曾说过，丧权辱国最苦，祖国富强最甜！我们必须通过自己的努力，推动国家的发展进步。

张老师：新中国成立前，中国饱受列强凌辱。当时的中国国力衰微，科学欠发达，技术水平落后。新中国成立后，国家百废待兴，满足人民群众最基本的物质文化需求困难重重，"楼上楼下，电灯电话"是国人奢侈的梦想。但是，在党的领导下，中国人民自力更生、艰苦奋斗，初步建立了中国自己的经济体系，工业化进程得到快速发展。特别是改革开放后，中国的发展变化举世瞩目。今天的中国已经不再是100多年前的中国，经济实力、人民的生活水平都发生了巨大的变化。

小　夏： 就以2012年伦敦奥运会来说，中国健儿用自己的汗水换来国旗一次又一次在异国他乡升起，无数次的磨炼才化为国歌声中激动的泪花，他们是祖国的骄傲。正是祖国的日益强大，以及对体育事业的大力支持，才使我国的运动员踏上奥运会的赛场来展示我们中国人的卓越才能。

小　李： 我认为，要不要爱国不能仅仅从国家是否强大这单一的角度来看。我们不能因为自己的祖国强大才爱国，更不能因为自己的国家还存在许多问题就不爱国。爱自己的祖国，是一个人最基本的情感体现，也是最起码的道德要求。最重要的是，我们每个人都是国家的一分子。我们的祖先生于此，我们作为后人也将生于此，长于此。我们的民族将在这片国土上世代绵延，劳动生活。如果没有国家，我们每个人都将成为失去家园的流浪儿，无所归依。

张老师： 你说得很好，爱国是每个公民崇高的价值选择。很难想象，一个不爱国的人如何赢得他人的尊重。更何况我们的国家和民族是人类历史上最伟大最让人感到自豪与骄傲的。她历史悠久，文明灿烂，为全人类的进步事业作出了不可磨灭的贡献。我们的民族具有伟大的创造力，具有爱人如爱己的爱心和诗一般的想象力。邓小平曾经讲过，中国人有自己的民族自尊心和自豪感，以热爱祖国、贡献全部力量建设社会主义祖国为最大光荣，以损害社会主义祖国利益、尊严和荣誉为最大耻辱。爱国不能光靠说漂亮话，而应表现在为祖国谋发展、为人民谋利益的行动上。爱国也并非仅仅是一个口号，更是一种责任。国家的富强要靠全体人民的努力奋斗。不论是哪个层次、何种职业，人人都要立足于自身岗位，做好本职工作，回报祖国，建设祖国。

小　夏：可我们还是学生，又能做些什么呢？

张老师：我认为首先是要完成学业，为自己将来进入社会打好基础。同时，要积极地深入实际，在实践中增长自己的才干，把书本上的知识转化为干实事的本领。除了这些，还有一个非常重要的课题，就是要了解国情，知国才能爱国。当前，有些大学生对祖国历史和现实中的一些问题缺乏深入了解，这样就容易产生偏见和误解。只有通过不断的学习，才能树立民族自尊心、自信心和自豪感，树立起战胜一切艰难险阻的信心和克服困难的本领。

小　夏：路漫漫其修远兮，吾将上下而求索！

二、民主是一个过程

小　李：对于我们年轻一代来说，民主也是一个特别值得关注的问题，但是许多事情总让人感到十分迷茫。

小　夏：我觉得现在我们国家的民主程度很不够，比起发达国家来更是有很大的差距。

张老师：我认为，总的来说，民主是一种过程。但是，如何理解这个问题，要注意几方面的问题。

小　李：哪些方面？

张老师：首先，民主的内涵是人民当家作主，是要形成能够代表广大人民根本利益的运行体制、决策机制。但是，目前大家争论的是要不要实行美国式的民主形式。

小　夏：我觉得美国式的民主也不错呀，选民可以根据自己的意愿投票，表达自己的权益。

张老师：美国的民主制度经过200多年的发展，逐渐形成了一套比较稳定的机制。但是美国的民主模式也存在很多问题，这些问题随着时间的推移，表现得越来越突出。比如，美国的选举究竟是表达普通选民的意愿，还是表达有钱人的意愿？从华尔街开始的"占领运动"就是人们对美式民主不满的一种抗议。不同的国家有不同的文化、历史，处于不同的发展阶段，需要采取不同的民主方式。

小　李：从我们国家来看，目前正处于从农业文明向工业文明、从传统国家向现代国家转型的进程中。那么，民主的形式也必须要符合这样一个历史阶段的要求。

张老师：对。这就是我们所说的第二个方面，民主有其自身发展的历史过程。这个过程不是脱离具体的国家、民族的，而是与其发展的历史阶段相适应的。比如，在古希腊、罗马，就有议事会，由贵族进行讨论、辩论，最后形成决策。在中国古代，皇权只有得到人民的拥护才能稳固。在政权的设置形式上，有所谓的采风官，就是专门收集老百姓意见的官员；有谏议官，是专门向君主提意见和建议的官员；还有专门进行监察的官员等。所以，在18世纪西方出现"中国热"的时候，许多人并不认为中国实行的是皇权专制。

小　夏：但是我们现在面临的问题和那时并不一样啊。

张老师：是的。我们现在所处的这个大转型的历史阶段，发达国家也都经历过。但是，如果我们研究一下历史，就会发现所有发达国家的民主都经历了一个比较漫长的过渡阶段。比如英国，尽管在13世纪末就召开了国会会议，但是，在15世纪末仍然出现了一个强大的专制王朝——都铎王朝。而在17世纪更出现了克伦威尔、查理二世的专制统治，之后则发生了工业革命。今天我们回顾历史，不是说要否定民主，而是说，即使是发达国家，也不是一开始就形成了现在的民主制度。事实上他们的民主历程更加艰难。比如美国在独立之后，其开国领袖对所谓的民主充满了痛恨。他们认为，真正优良政体的检验标准应该看其能否有助于治国安邦，但是民主政体的通病是行政部门软弱无力。被誉为美国国父之一的本杰明·富兰克林曾痛心疾首地指出，"我们都遭受过民主带来的迫害和不公正"；另一国父汉密尔顿指出，"民主是一种疾病，它给予分裂分子、敌对势力、邪教集团、野心家们执政、夺取政权的合法外衣"。而曾经在《独立宣言》上签字的拉什甚至说："民主是恶魔之最，高喊民主的都是疯狗。"

小　夏：真想不到啊！

小　李：我们应该积极推进民主，我们党一直都是倡导民主的啊！

张老师：我们讨论这些问题不是要否定民主的积极意义，而是说，在不同的历史阶段，对民主有不同的认识。美国独立之初，分离主义倾向特别严重。最初的13个州以民意来强调自身的利益，非常不利于统一的国家利益。所以，当时美国的建国领袖对所谓的民主采取了批判和抵制的态度，并且确定美国的国家体制是共和制，而不是民主制。这就是说，在那一时期，美国的国父们努力要建立一个使统一的国家行政体系能够在国家事务中取得主导地位的体制，所以，他们一直排斥所谓的民主。当然，随着时间的推移，美国的国家管理体制逐步完善，要解决的问题发生了变化，对民主的态度也发生了改变。

小　李： 就是说，我国现在所处的发展阶段不同，需要解决的问题不同，那么，如何推进民主、体现民主所采用的方式也不同。

张老师： 对。我们再看一下人们比较关注的选举问题。事实上，长期以来美国也并不是所有的人都有选举权。拥有选举权的人是不包括黑人、妇女、奴隶、印第安人等原住民的。之后经过了许多抗争，包括流血牺牲，才逐步形成了今天的局面。比如美国的黑奴制，即使是在美国独立后，仍以立宪的方式实行黑奴制长达百年。经过残酷的南北战争废除黑奴制后，仍然以法律的名义实行种族隔离制度长达百年。而黑人直到20世纪60年代才有了所谓的投票权，到今天才50年左右的时间。

小　夏： 那为什么连美国自己都做不到的事情还要强迫别的国家去做呢？

张老师： 这就是我要说的关于民主的第三个方面：并不是实行了西方国家的选举形式，也就是所谓的民主制度，才能使国家发展，相反，它可能会引发国家的崩溃。发达国家的所谓民主，也各有不同的表现形态。比如英国和日本，就保留了皇室，而美国只设总统，德国则是总理制。目前全球实行了所谓的民主选举的国家，成功的也并不是多数。我们更多注意到的是那些发达国家，如美国、英国、法国、德国、日本等。但是很少有人注意到，许多不发达国家也实行了所谓的民主制度，成为符合西方理念的民主国家，却引发了国家和民族的严重灾难。比如南斯拉夫，已经分裂为若干个更小的国家；比如索马里、海地、伊拉克、阿富汗、塞拉利昂、苏丹、卢旺达，等等，还有近年来在所谓的"阿拉伯之春"运动中实现了民主革命的埃及、利比亚、突尼斯等国家。如果我们上网查一查，就可以看到，这些所谓的民主国家是什么状态。

小　夏：我一直以为只有类似于美国、英国这样的国家才是民主国家。为什么上述这些国家实行了民主体制后没有得到很好的发展呢？

张老师：不同的国家，面临的问题是不一样的。比如像非洲、中东的一些国家，民族构成复杂，国家认同程度低，许多国家的部族势力非常强大。对这些国家而言，最紧迫的可能是增强国家的认同感，解决人民的基本生活保障问题。他们与那些发达国家面临的问题是完全不同的。中国也一样，如果把中国目前的民主状况与发达国家转型期的民主状况相比的话，我认为，只要是尊重历史和事实的人，都不会否认中国的民主程度高，效果好。

小　李：所以，民主是一个不断发展、完善、健全的过程。

小　夏：的确如此。民主在不同的国家、不同的发展时期都有不同的表现形式，体现出复杂性。

张老师：民主，如果作为一种国家制度，要受特定社会经济条件的影响和制约，还要受到文化水平、思想觉悟、伦理道德、生活习惯等因素的影响，绝非只喊几句"我要民主"就能真正实现的。而且，民主作为一个历史范畴，要经历从低级到高级、从不完善到逐步完善的发展过程。应该说，民主只是实现民众利益的手段，而不是目的。那种把手段当目的的所谓民主是很可怕的。判断一个社会是否民主，最根本的是要看这个社会能否真正体现人民群众的根本利益，而不仅仅是它的选举方式。我们也不能简单地以某一种模式进行评判，而应该看它给国家、人民带来了什么。尽管我们的国家还存在许多问题，但是，我们应该有自己的道路自信、理论自信和制度自信。

三、自由是一种限定

小 夏：师兄，现在的社会是海阔凭鱼跃，天高任鸟飞！只要有本事，想干什么就干什么，自由得很，你还怕没有发展？

小 李：自由无疑很重要，但自由是相对的，有限定的。现实生活哪能像你说的那么简单？

张老师：自由是一个很复杂的概念。虽然我们经常说，自由就是自己做主，不受约束和限制。但实际上，并没有那么简单。自由是有前提的，我觉得至少体现在这几个方面：一是社会提供的基本条件。比如你想日行万里，这在飞机出现之前是不可能的。但是随着科学技术的进步，这个梦想已经实现了。其次，自由是有限度的，或者说自由本身就是限制中的自由。如果人人都随心所欲，那么这个社会就乱套了。所以公民必须在法律规定的范围内实现自己的自由。通俗地说，就是在不妨碍别人的前提下，才能实现相对自由。第三，人的行为必须有相应的限制，不能想怎么样就怎么样。但在精神上、思想上，则要破除各种限制，尽可能地发挥自己的想象力和创造力。恩格斯说："自由是对必然的认识。"也就是说，通往自由之路，必须对所谓的"必然"，也就是规律有相应的把握。如果你对事物发展的客观规律没有深切的认识，也就没有真正的自由。这样说来，自由是理性的产物。越有理性，所获得的自由相对来说也就越多。但自由不是为所欲为。正如黑格尔指出的：一切冲动的行为，只能说是依赖，不能说是自由。那种只是由冲动支配的人并不能自由自主，因为他的意志和意识的内容，是缺乏理性的。因此，自由是相对的，生活中没有绝对的自由。

小　李：也就是说，自由是在限定中实现的。

小　夏：那么，张老师，如何理解言论自由呢？

张老师：一个社会如果没有言论自由，就是一个僵化的、扼杀人的灵性的社会，也是一个充满了危险的社会。因为人民不能自由表达自己的意见，不能发挥自己的创造力，难以使社会不同群体之间进行有效的沟通。所以，言论自由往往是衡量一个社会民主的标志。我国宪法明确规定，公民享有言论自由。

小　李：我看到书上说，言论自由也有广义与狭义之分，一般而言指的是口头和书面的表达自由。广义的言论自由还包括新闻、出版、著作、绘画自由等。

小　夏：那么，按我们前面的讨论，言论自由也是有限定的。

张老师：对。言论自由也必须遵守基本的道德规范和法律要求。比如我国宪法就规定，公民在行使言论自由的权利时，不得破坏社会秩序，不得违背宪法和法律，不得损害国家的、社会的、集体的利益和其他公民合法的自由和权利。

小　夏：最近媒体报道，一些人在网络上恶意散布、传播谣言，诋毁社会和政府，滥揭他人隐私，这些行为就触犯了国家的法律。

张老师：其实，在他们这种非法行为背后有着巨大的利益追求。这些人打着维护社会正义、为民请命的幌子，其实质是为了获取经济利益。有些人还可能是被国外敌对势力雇来的枪手，专门挑唆社会对立，制造社会不同阶层之间的仇恨，目的就是要让中国乱起来，以实现其阻碍中国发展进步的目的。

小　夏：最近在学习中，有个问题我困惑不已，那就是：中国金融体系不如美国金融体系那么"自由"，或许还不如欧洲金融体系"自由"，可就是这样，中国金融业的发展并不落后，这怎么解释呢？

张老师：经济领域的所谓自由，是指市场活动的主体只受市场的调节而反对政府调控的状态，它的代表是新自由主义经济理论。其核心是反对公有制，实现私有制。矛头是对准中国特色社会主义经济制度的。我们要清楚，即使是发达国家，其经济也不是纯粹的市场调节，政府在经济的发展中做了大量的工作，发挥了关键的作用。比如20世纪30年代的罗斯福新政，就是突出了政府对经济的干预。2008年以来，美国政府为使美国的经济复苏，在奥巴马上台后通过了《复苏与再投资法案》，计划在2009年至2019年投入7872亿美元，着眼于创新和新兴产业的发展。2010

年，奥巴马又签署了《美国制造业促进法》，目的就是重振美国的制造业。这些都是政府对经济进行调控的典型表现。而21世纪初史上最大金融危机形成的主要原因之一就是政府弱化了对金融业的监管。

小　李：美国有美国的发展特色，中国的发展自然有中国的特色。中国的金融体系符合中国的国情，所以能够促进中国经济的发展。

张老师：所以我们不能简单地将自由作为判断标准，而要看其具体的社会文化环境是什么。

小　夏：人类对自由的呼唤、追求从来都不曾停息。人们都在为自身的自由奋斗不息，但很少有人去认真地研究自由的含义和它在不同历史条件下的意义。今天我们讨论自由，也不能脱离具体的历史背景。

四、市场不是万能的

小　夏：我国这几年的发展归功于市场，市场对资源的配置起着非常重要的作用。现在干什么都离不开市场，农贸市场、人才市场、资本市场，市场真是无所不能，无所不在！

小　李：我觉得你说的话很值得讨论。首先，改革开放以来，我们充分发挥了市场的积极作用，激发了发展的活力。但是，我认为不能简单地迷信市场，更不能把市场的积极作用简单化、绝对化。关于市场，有两个问题需要我们认真考虑：一是市场本身具有盲目性，有它的短板；二是市场是逐利的，对那些没有市场效应的领域，市场难以发挥作用，或者根本不发生作用，比如在许多公共服务领域。除此之外，在人类社会中，还有许许多多的领域是市场不能进入的，比如道德、良知、灵魂、思想，等等。因此，市场不是万能的，更何况市场也有失灵的时候。

小　夏：英国古典主义经济学家亚当·斯密说过，市场这只"看不见的手"会自发地调节供需之间的平衡，市场就是万能的上帝，而政府的角色只应是个"守夜人"。

小　李：市场万能就是"金钱万能"。任何市场都是有阶级性、政治性的，都是由国家控制的。美国、欧洲为什么不卖给中国那些高技术产品就是最好的例证。

张老师：的确，生活中在很多领域有许多产品不能用市场来调节，如国防、治安领域以及枪支弹药、麻醉品等，都不能推向市场。如果让市场调节将会带来灾难，社会可就真乱套了！

小　李：市场具有盲目性、后发性的缺点。在市场经济条件下，大多数经济活动的参与者在进行经营决策时，仅仅看市场上什么东西价格高、有厚利可图，就决定生产经营什么。这种盲目性往往会使社会处于无政府状态，必然会造成经济波动和资源浪费。比如，20世纪八九十年代，各地竞相出现生产"彩电热"、"冰箱热"、"空调热"、"VCD热"。厂家瞄准什么好卖就生产什么。这种"蜂拥而上"的结果是重复上马、重复引进，而又不能形成生产规模。有数据显示，到1998年，在全国200多家电视机厂中，年生产能力达到100万台的只有几家，使得大量资金闲置，产品积压，资源浪费。近几年，新能源产业中多晶硅生产过剩也是如此。

张老师：所以说，不能过分迷信市场。社会主义市场经济要求既要积极发挥市场的作用，也需要国家的宏观调控。只有把"有形的手"与"无形的手"结合起来，才能克服市场的缺陷，保证市场经济健康有序地发展。实行幼稚的完全市场化，我们就要走弯路了。

小　李：人们一直在争论市场的调节作用和政府的调控作用。其实，就经济领域来说，主要是要处理好市场与政府之间的关系。在实践中，要根据需要把能够交给市场的交给市场，把需要由政府调控的交给政府。关键是如何处理好权限，划分清楚各自的责任。

张老师：十八大指出要把深化改革开放作为坚持和发展中国特色社会主义的必由之路，作为推动党和国家事业发展的强大动力，就是说，我们必须坚持改革，要以更大的政治勇气和智慧不失时机地深化重要领域的改革。但是，改革必须坚持正确的方向，这个方向就是走中国特色社会主义道路。

小　夏：我明白了。

五、爱有很多层次

小　夏：世上确实有真爱吗？就算有，会不会降临到我头上？

小　李：我觉得你这种感叹很有意思。爱是人的一种社会行为，它不是从天上掉下来的，而是在人的社会实践中形成的。真爱只有在岁月的磨蚀中，才能显现其光泽。

小　夏：大学生正处于天真烂漫、充满幻想的年龄，对爱情的期待是最为热切的。但是如何真正得到爱情，把握好这一人生路上的重要环节，还是需要认真考虑的。

小　李：我认为真正的爱情应该把握这样几点：一是有共同的志趣追求，二是有共同的价值观，三是要有互相帮助、支持的担当。当然，像你这样的小美眉，很喜欢甜言蜜语，所以大家也应该注意自己对爱的表达。这种表达也是享受爱情的一种甜美过程。

张老师：你们谈的是爱情。其实，爱的范围很广，是有很多层次的。爱有大有小，有公有私，有狭隘有神圣，有对等和不对等。从其层次来看，爱孩子、爱父母、爱家庭是最基本的爱，属于个人范畴的小爱；而爱他人、爱学校、爱家乡是高层次的爱，是超越个人范畴的较大的爱；而爱祖国、爱人民、爱社会、爱世界是更高境界的爱。能够达到这样的境界，对我们每个人来说，应该是一种幸福。

小　夏：可是你爱的人有很多缺点，甚至是缺陷，还能去爱吗？

张老师：世界上没有十全十美的事，也没有十全十美的人。如果你爱他（她），就应该接纳他（她），包容他（她），帮助他（她）。如果他（她）的缺点到了你不能接受的程度，那也就谈不上什么爱了。如果还在你能够接受的范围内，你就应该包容他（她）的缺点，并帮助他（她）改正缺点。从小的方面是这样，从大的方面来说也是如此。

小　夏：比如现在网上有很多人说我们国家存在这样那样的问题，比如食品安全啦、校车安全啦、环境污染啦、官员腐败啦什么的。我们不能因为国家还存在这样那样的问题，就对爱国产生怀疑！

张老师：我觉得首先有一个基本的前提，就是每一个人都应该爱自己的国家。这就和每一个人都应该爱自己的父母一样。你不能因为自己的父母老弱病残、贫穷等，就不承认自己是他们的孩子。因此，不能因国家不够富强，社会上还存在这样那样的问题，而不爱自己的祖国。世界上任何一个国家都存在很多问题。比如美国，由于社会不公，引发了席卷全国的"占领运动"；由于政府负债过多，超支严重，在现行的体制内难以顺利解决财政问题，迫使政府关门，等等。相反，我们应该认真思考，作为一个新时代的大学生，能够为国家做些什么，为社会的发展进步贡献些什么。只要我们大家共同努力，各尽其责，我们的国家就可以克服困难，不断进步。

小　李：爱国，就应该体现在为国家做事上。现在我们再难，也没有抗日战争民族危亡时刻难。那时，很多有志青年跑到前线参加抗战，哪怕是流血牺牲也在所不惜。比如民族女英雄李林，一个印尼华侨，为了抗战跑到雁北，最后为掩护部队牺牲了自己年轻的生命。这才是真爱国啊！

小　夏：确实是。上次我和班里的同学到武乡旅游，参观了八路军文化园和八路军太行纪念馆，看完之后大家都沉默不语。我的一个闺密说，想不到八路军的总司令穷得连自己的老母亲也养活不了，还得写信向朋友借钱。真是让人感叹啊！

张老师：这就是我们所说的最高层次的爱。朱总司令为了民族、为了国家四处征战，无暇顾及自己的家人，也没有因为自己是八路军总司令就和普通战士不同。他除了工作，身无余物，向自己的朋友借钱奉养老母亲，体现了他对亲人的爱。但是在大爱与小爱之间,他做出了最令人钦佩的选择。

小　夏:可是,现在还有这样的人吗?

张老师:和平时期我们面临像李林那样的生死考验的机会可能不多,但是我们能时刻要求自己为国家多做些事情,哪怕是一件很小的事。大家都知道申纪兰,她一辈子坚持在农村第一线劳动,带领村里的乡亲们脱贫致富。她不认为帮助别人有多么值得骄傲,因为她对爱的理解已经超越了普通人。她的境界、胸怀,都已上升到令人仰慕的层次。甚至可以说,她对人民、对社会、对国家的爱就如同呼吸一样,成为生命的一部分,是自然而然、常态化的行为。

小　夏:我在为玉树灾区捐款时,感到有一种力量在心中涌起,这应该也是一种爱的表现。

张老师:爱,更多的是心与力的结合。

小　夏:"随风潜入夜,润物细无声。"让我们尽力献出爱,让世界充满爱!

六、奉献是一种境界

小　李:英国诗人拜伦说:"如果人人都为自己活着,世界便冷却下来。"正是因为历来有千万仁人志士"忧天下"的奉献牺牲,世界才不致冷却,并且日益进步。我认为不论什么时候,都应该讲责任、讲奉献。

张老师:奉献的境界也是有层次的。每个人都要工作,一方面,工作是人们谋生的手段;另一方面,人们在工作中也体现出自己的人生价值,客观上也是在承担一份社会责任。还有一种更高层次的奉献，比如大家都知道的丛飞，他把自己的积蓄资助了困难儿童，期待更多的失学儿童能背上书包上学。人的追求是多方面的。马斯洛的人类需求层次理论也说明，满足人的生理、安全、社交的需要是容易的，但是人要得到尊重和自我实现却是很难的。只有具有奉献精神的人才能获得社会的尊重。

小　李：蓝天奉献给白云，白云也奉献给了蓝天。它们相互映衬才相得益彰。我想，只要是为社会作了贡献，做的是有益于他人的事情，就是奉献。

小　夏：那师兄做村干部，也属于奉献吧？

张老师：当然算，而且是一种适应形势和任务、与时俱进的奉献。长期以来，奋斗在基层的干部，为当地经济发展、社会进步作出很大贡献。"80后"大学生吴金城在面对去深圳教书等多个机会时，毅然选择回到家乡——湖南凤凰县禾库镇。5年里，他每天早上5点起床，把头天泡好的豆子做成豆腐，用卖豆腐的钱改善孩子们的学习条件，人们亲切地称他为"豆腐老师"。

小　夏：最近看到习近平总书记接见全国道德模范，其中有一位回乡务农的老将军的妻子。我很惊讶：像这样德高望重、资历深厚的将军，为什么要回乡当农民呢？

张老师：你说的是甘祖昌将军，他1955年被授予少将军衔。因车祸留下脑震荡后遗症，他感到自己不再适宜做领导工作，就多次向组织申请回乡务农。1957年从新疆回到自己的家乡江西莲花县。他与家乡的村民一起修农田、建水库、架桥梁，发展养殖业和现代农业，直至1986年病逝。他去世时说的最后一句话是：领了工资后，除了留下生活费，全部要买化肥农药，支援农业。他的一生，始终奉献于社会，而不坐享功成名就的厚禄，走过了从农民到将军，又从将军到农民的曲折历程。他是我们共产党人的优秀代表，也是为国家承担责任、勇于奉献的最鲜活的榜样。

小　夏：可现实生活中还是有许多让人感到气愤的事情出现。毒大米、毒奶粉、问题胶囊、肇事逃逸，真是花样百出啊！

小　李：这些事件的发生说明一些人缺乏责任感，他们看到的只是自己的利益、眼前的利益，以损害他人利益为基础。

张老师：是的。个体与社会的责任是相互的，责任心是奉献社会的前提。托尔斯泰说："一个人若没有热情，他将一事无成，而热情的基点正是责任心。"将责任心落实到行动上，时刻为社会、为他人、为自己尽责的人，终究会成就一番事业。责任心是一个人能够立足于社会，获得事业成功与家庭幸福至关重要的人格品质。

小　李：责任人人都应担当！比尔·盖茨曾说："人可以不伟大，但不可以没有责任心。"一个人要立足社会，就应当把责任感融入生活态度，时刻提醒自己做一个有责任感的人。

张老师：高尔基说过："当你感到一切人都需要你的时候，这种感情就会使你有旺盛的精力。"责任感能使人更加勇敢和坚强，使人在关键时刻不只考虑到自身的利益，而是自觉地替别人着想，勇于担当和奉献。

小　李：现在媒体大力宣扬的"最美司机"吴斌、"最美教师"张丽莉、"最美妈妈"吴菊萍，就是因为他们对工作、对社会有强烈的责任感，才会奉献出一份"大爱"，为社会所称颂。

CHAPTER SEVEN

第七章 骄子的困惑
——解决好大学生面临的现实问题

第七章

一、要读书，还要会读书

张老师：平时你们业余时间干什么？读些什么书？

小　夏：我这学期主要看了几本政治经济学方面的书。比如保罗·巴兰的《增长的政治经济学》、沃勒斯坦的《现代世界体系》、多斯桑托斯的《帝国主义与依附》等，读起来困难得很。张老师，我觉得当今网络信息很发达，查找资料时多是上网，其实也不用读那么多的专著。

张老师：现在网络虽然很发达，网上读书、查找资料确实都很方便。但网络阅读会造成阅读的肤浅化、浮躁化，不能深入地思考、感受、体味。所以，可借助网络的优势来扩大知识面，及时了解信息，有时间还是要多读一些书，不可用网络的浅阅读来代替图书的深度阅读。

小　李：上网还有其局限性，因为许多地方不能上网，而读书是不受限制的，坐车、出差甚至旅游，都可以带上一本自己需要的书随时阅读。在看书时，我特别喜欢把自己认为重要的语句勾画出来，翻来覆去地体会书中的内容。

张老师：这就是一种深度阅读。我们读书不是为了比数量，看谁读得多，而是为了把握书中对我们具有启示意义的东西。许多时候，需要把几本书拿来一起读，以寻找其中揭示的规律性意义，或者对照读，看不同的人对同一问题是如何从不同的角度进行研究分析的。

小　李：这些天我也在读一些书，想了解一下转型发展的问题。我感到，现在的农村和过去大不一样了，管理农村、推动农村经济发展必须有新思路。

张老师：这很好。读专业类的书不能为读而读，而要内化为自己的知识，学以致用。现在你在村里担任村干部，应该很好地发挥大学生的优势，把学到的有利于农村发展的思路、办法带到农村。

小　夏：张老师，是不是我们读的还有一类"无用之书"？

张老师：其实更多的时候我们并不是读了什么书马上就要用。如果读书仅仅是为了用，那就太狭隘了。比如我们接受大学教育，都有自己学习的专业。但在参加工作后，很多人并没有到专业对口的岗位工作。但是，我们不能因此就说大学白上了。因为，更多的时候，读书是一种素质培养。

小　李：它是一种知识的积累。

张老师：除了积累，还关涉人的眼界、心胸、修养，以及价值选择、理想信念的确立，等等，这些都不直接体现在"用"上。但是，对我们每个人的成长进步来说，是非常重要的。所以，在读书时有两个方面要特别注意：一是要注意读那些所谓有用的书，就是和你的专业、具体的工作结合比较紧密的书。比如小李在农村工作，要读一些关于农村发展的书，这就是读与用的统一。另外，更重要的一方面，就是要读一些所谓无用的书，也就是与具体工作、专业没有直接关系，也不解决具体问题，但是对正确人格的养成、正确价值观的确立、良好修养的形成、知识面的拓宽等有很大帮助的书。从某种意义上讲，这种所谓的"无用之书"更重要。

小　夏：最近，我读了几本书，比如《超越自己》、《假如世界给我三天光明》等，感到很有收获。

张老师：这些书就属于我们刚才所说的"无用之书"。

小　李：我有个同学专业是经济学，但他特别关心时政。一次，他和我们几个同学聊天说，现在国家对农村的扶持力度特别大，将来大学毕业后要去农村创业。当时大家都把他的话当作笑谈，没想到大学毕业后，我这个同学真的回到农村，利用国家对农村的各项优惠政策，在家乡承包了五片山地，不仅种植了大批果树，还开办了养鸡场，现在已是当地小有名气的企业家，也是我们大学同学中生活过得最好的一个。

张老师：小李举的这个例子非常好。对大学生来说，学好自己的专业知识、多读一些专业书籍是必需的，但在此基础上，再关心一下政治，关注一下时事，对将来的发展也是很有帮助的。

小　夏：张老师，听您这么一说，我觉得自己在读书方面做得真是不够好。明天我就去图书馆把您说的这些书统统借来，多读一些。

张老师：小夏，你好学上进的态度是好的。但你这种急于求成的读书方法却是有问题的。古人云："读不在三更五鼓，功只怕一曝十寒。"读书贵在坚持，而不是图一时之兴，所以你最好是列一些书目，在不影响正常学习的前提下，抽时间慢慢阅读。

二、就业是个大问题

小　夏：这几年大学生就业真是有些困难。

小　李：可不是嘛！我陪大学毕业的老乡找了几天工作都一无所获，正替他发愁呢。

小　夏：现在找工作真是不容易啊，每年的大学毕业生太多了。

张老师：虽然现在高校招收的学生比过去增加了很多，但是我国高等教育入学率只有26.5%，每年都有很多高中毕业生进不了大学，与发达国家相比还存在很大差距。要提高全民族的文化素养，参与国际竞争，扩大高等教育入学率是必要之举。同时，解决好大学生的就业也是一个非常重要的问题。目前出现的就业难，原因是多方面的。比如，随着世界经济发展速度的放缓，我国的经济也受到影响，特别是外贸出口影响更大。企业开工不足，就业萎缩。另一方面，我国经济正处于一个重大的调整期，许多过剩的产业要调整，这些企业对就业的需求也在下降。相应地，新兴产业却发展不足，许多领域还没有形成对就业的大量需求。这些因素都对就业产生了很大的影响。

小　李：还有一个很重要的原因，就是大学生对就业的期望值往往超过了现实。比如我的那个老乡，老家的一个单位已同意接收他了，可他却说"宁要城市一张床，也不要老家的一栋房"，所以到现在还没有找到工作。

张老师：事实上，具有你老乡这种想法的大学生还有很多，他们不是找不到工作，而是对找到的工作不满意，从而加剧了大学生就业市场的压力。

小　夏：这就是说，学生的就业观也要改变，要更加现实地对待就业。

张老师：大学生就业观存在的偏差表现在很多人都希望进政府部门工作，如果不行的话到事业单位也可以，实在不行到国有企业，还有的人总是希望能够找到和自己专业对口的工作。国外的大学生就比较现实。在找不到理想工作的时候，会主动放弃原专业，先就业，再择业，或干一些力所能及的工作。有能力的学生，还自主创业。所以，大学毕业生要准确定位，不能高不成低不就，自愿失业。

小　李：张老师，听您这么一说，我倒真觉得我这个老乡是自愿失业。

张老师：对一个刚出校门的大学生来说，马上就要干一番事业的确不可能，一下子就成为成功人士更不可能。可如果能以自己的专业知识为支撑，做一些小规模的创业也不是不可能。退一步讲，即使一些专业不适合作坊式的生产，也可以做一些力所能及的其他工作。

小　夏：看来大学生就业难还有自身不愿创业和对岗位要求过高等多方面的原因。

张老师：大学生在找工作时，应根据自己的实际情况，分析就业困难的原因，寻找对策，找准位置，脚踏实地，这样才会对就业有所帮助。

小　夏：像师兄您就是一个成功的典型例子。大学毕业后能够放下身段,到农村工作,也实现了自身的价值。

三、能力,能力,能力!

小　李:在村里干了这一段,感到收获不小。

小　夏:师兄又大发感慨了?

小　李:原来以为自己读了几年书,怎么也是个大学生,做点农村工作还不是手到擒来,容易得很?可一接触实际,原来真不是那么回事。

小　夏:老乡们见了你这高才生,天之骄子,还不是仰慕得很?

小　李:师妹,你不是挖苦我吧?

小　夏:怎么可能?我只是觉得你一个大学生,在学校学习好、表现好、人品好,真正的"三好学生",肯定干什么都很成功。

小　李:老乡们不是看你有什么学历,而是看你能办了什么事。刚到村里,我很有优越感,觉得自己学富五车,能主动到基层,干起工作来应该不费力,实际上完全不是这样。

小　夏:你给我们举个例子嘛。

小　李:村里要发展大棚蔬菜,动员乡亲们种植。村支书让我把种植技术给大家编一个小册子,让村民们按照技术要求种。

小　夏:这很简单啊!

小　李:我也认为很简单。自己跑到城里,买了几本书,把有关的东西都摘录下来,又用电脑重录了一遍,找一家印刷厂印出来,就给大家发下去了。

小　夏:师兄真能干,工作很有成效嘛!

小　李：有什么成效？乡亲们都看不懂，说："你这是天书啊！"我觉得很委屈。自己那么辛苦地买书，编书，印书，最终却没人看得懂，看着放在一边无人问津的小册子，心里别提有多沮丧了。

小　夏：你可能没有考虑到农民的接受能力。

小　李：我的任务没有完成，编的书没人看。书记说，你的热情很高，也愿意给村里的乡亲们出力办事。可是你得动脑筋、想办法让这些没有多少文化的村民好学、好记、好用。

小　夏：那你没有半途而废吧？

小　李：哪能呢！那不是咱的性格。我找到村里的会计，问他怎样才能让老乡好学好记。会计说，最好能编点顺口溜，既简单又生动。我觉得很有道理。于是自己先认真把那些书钻研吃透，以顺口溜的形式重新把相关的内容编出来，又配了许多实用性的插图。你看，"大棚蔬菜好，致富离不了。一年种三季，技术很重要……"这本小册子印出来后很受欢迎，附近村里的老乡都来要。村支书高兴地说，看看，还是人家大学生顶用！

小　夏：工作方法太重要了，师兄的经历就是一个生动的证明。

小　李：我们在学校读书，不接触社会，以为自己读了些书，学了些知识，就了不得了。其实，学到知识和在工作中会用知识是两回事。有了一定的知识积累是一个方面，更重要的还是要有把知识运用到实践中的能力。

张老师：看到你们的进步真高兴，我觉得可以总结为几点：首先，大学生在校期间需要进行必要的知识储备，打好基础。同时，还要有一种把事情做好的追求，面对问题要积极主动地想办法，遇到挫折也不气馁，这非常不容易。我们许多人之所以一事无成，就是因为受不了挫折，难以坚持，遇到问题没有积极的心态。还有最重要的一点，就是要培养把事情做好的能力。我们许多人眼高手低，自以为是，结果在现实面前碰得鼻青脸肿。

小　夏：我觉得您说的眼高手低这种现象在大学生中很普遍。我的一个中学同学，大学里学的是服装设计，到公司面试时，主管让他设计制作一套时装，他立刻就傻眼了。因为他设计服装驾轻就熟，却不会使用缝纫机。

小　李：我还看到过一个报道，说某名牌大学毕业的黄某准备回老家福建找工作。可由于走得匆忙，忘了带手机，而且还不小心买错了火车票，一路乘车到了南昌。下车后，黄某只剩下几十元钱了。他想赶紧找份工作，可是因为平日不爱与人交流，根本找不到工作。没办法，黄某只能流落街头，捡一些别人丢弃的食物充饥。正值炎炎夏日，黄某身上多处溃烂，因吃了霉变食物，昏倒在街头。这个故事听起来真是令人心酸欷歔。

张老师：可大家想过没有，黄某为什么会这样？他是不是典型的高分低能？黄某不是三岁的孩子，他忘了带手机可以打公用电话与家人和朋友联系。他坐错了车可以和列车员沟通换乘另一趟回家的车。他身无分文可以向警察或社会救助机构求助。可他什么也没做。这样的学生学历再高有什么用？连基本的生存能力都没有，谈何创业？谈何竞争？更何谈走向世界，走向未来？

小　夏：看来一个人的学历高低并不一定能代表一个人的能

力大小，学历高并不意味着能力高。

小　李：是啊，小夏这么一说，我想起一个人。农民科学家李登海本是一个普通农民，可为了实现多打粮、吃饱饭这一朴素的愿望，几十年如一日进行育种实验，终于成功地将我国玉米亩产由100多公斤提高到1400多公斤，创了世界纪录。在育种过程中，他还创建了种业集团公司，现在资产已达11亿元人民币。

张老师：小李举的这个例子充分说明，在一个人的成长过程中，学历固然重要，但能力才是最重要的。当代大学生不能以获取学历为目的而忽视了对自己能力的培养。

四、人人都是社会人

张老师：我先给你们讲个故事，然后你们俩发表一下个人看法。有一天，上帝问一只林中的小鸟："你愿意到天堂去生活吗？"小鸟问："为什么要去那里呢？"上帝说："天堂宽敞明亮，不愁吃喝，而且可以长生不老。"小鸟回答说："可我现在就很好啊，虽然每天需要自己去觅食，却可以与兄弟姐妹唱歌跳舞，无忧无虑，很是快活。""可是，你不怕死吗？在人间，终有一天你会死去，在天堂却可以永生。"上帝又说。听了上帝的话，小鸟沉默了。于是上帝以胜利者的姿态，把小鸟带到了天堂。他把小鸟安置在翡翠宫里住下，便忙着处理各种事务去了。一年后，上帝突然想起了小鸟，便去翡翠宫看望它。他问小鸟："我的孩子，你过得好吗？"小鸟答道："感谢上帝，我活得很好，但如果有可能，还是让我回到人间吧。"上帝诧异地问："你既然过得很好，为什么还要回到人间呢？"小鸟回答说："这里虽然什么都好，但没有其他小鸟与我交流，没有其他小鸟同我欢唱，这样活着有什么意思呢？我宁愿用有限的生命与同伴欢唱，也不愿永生孤独。"

小　夏：人人都是社会人，小鸟也一样。它们也需要与同类交流。

小　李：这个故事让我想到了人与人之间社会交往的重要性。

张老师：是啊，我今天就是想和你们讨论一下当代大学生的社会交往问题。前几天，听一位机械制造厂的朋友说，他们单位新分配进一名大学生，领导对他很器重。入厂不久，就让他将机械装置的设计图修改一下。该学生很认真，终日足不出户，苦心设计。一天，他正在绘图，一位老师傅默然审视良久后说这张图的某个部位好像不对。他听后，毫不客气地说："我上了几年大学还不如你一个工人，你懂什么！"老师傅说："我没上过大学，可这机器我摸了几十年，我觉得……"他反讥道："那你怎么没考上大学？"此事传出，全厂哗然。从此，再没有人对他进行指点，而领导交给的修改方案也最终因他学识不足无法完成。一年后，他郁郁不得志地调出了工厂。

小　李：人人都是社会人。今天你敬我一尺，明天我敬你一丈。如果这名机械厂的大学生懂得人与人交往的重要性，对老师傅以礼相待，相信不但会得到老师傅更多的指点，而且还有可能完成领导交办的任务，得到领导的赏识、同事的尊重。但他在与老师傅交流时却恶语相向，不尊重老同志，致使自己最后无人理睬，黯然离厂。这种结果与这名大学生不懂人与人之间的交往艺术大有关系。

张老师：你们俩说得很对。人人都是社会人。在我们成长过程中，离不开父母的教诲、师长的教育，更离不开我们的生存环境。生活中，我们在不断地接受别人的帮助，同时也应该随时做好帮助别人的准备。而要做到这一点，懂得与别人如何交往，具备很好的沟通能力，显然是很重要的。但怎样才能具备良好的沟通能力呢？除了学习一些沟通技巧外，更重要的是要有良好的心态，明白自己是社会的一员，不能将自己封闭起来，而应在需要帮助时向他人求助，在别人需要帮助时及时给予他人帮助。懂得这些，对即将进入社会的大学生来说尤为重要。

五、吃点苦怎么了

张老师：现在大学生就业难，有一个重要原因是不肯吃苦。

小　夏：可是我觉得有的大学生挺能吃苦的，可在就业路上还是困难重重。比如"蚁族"，这些"大学生低收入聚居群体"，他们高智、弱小、群居、收入低，生活无保障。

张老师：我们说的是一个问题的两个方面。"蚁族"大学生固然是吃了不少苦，但因为其所处的大环境所限，即使他们吃了很多苦也不一定能成功，所以换个环境也许更好。我这里指的是另一类因不愿吃苦生活艰难的大学毕业生。

小　李：张老师，您给举个具体例子吧。

张老师：好。前几天网上报道了这么一件事情：某青年男子抢了路人的一个包，受害人在其他路人的帮助下，很快将其制伏并扭送到派出所。该男子称，他抢别人的包也是迫不得已，因为他的女儿马上就要上幼儿园了，而他却无钱交入园费。无奈之下才走上抢劫之路。民警又问他平日以何为生，为何连孩子的入园费都交不起？他说，大学毕业后因找不到工作，就开了一家小饭店。但他觉得开饭店太累，疏于打理，生意一直不好，只能勉强维持生计。这次因孩子上幼儿园费用较高，他一时拿不出那么多钱，所以才想到了抢劫。

小　夏：怎么会有这样的人！既然创业了就要好好干。怎么能如此懒惰，铤而走险？

张老师：说得对。像这部分人，只要好好干，也不是没有成功的机会。可他们却不肯吃苦，不屑于干自己能干的工作。自己向往的工作找不到，以至于每天懒懒散散，无所事事，遇到事情又不能冷静处理，最终走上犯罪道路。天上不会掉馅饼。就连亚洲首富李嘉诚早年为了生存都曾站在街头卖香烟、糖果，16岁到茶楼当跑堂，每天工作十几个小时。正是这些磨炼才造就了他之后创业中吃苦耐劳的精神及敏锐的市场洞察力，才有了他之后令人仰慕的成功事业。而我们一些大学毕业生年纪轻轻却好逸恶劳，不愿吃苦，只想过舒服日子。

小　李：张老师，看来现在部分大学生就业困难，自己不吃苦还真是一个重要原因。

小　夏：所以，我也做好了思想准备。毕业后无论做什么工作，都要有吃苦耐劳的精神，这是成就一番事业的必要条件。

CHAPTER EIGHT

第八章　寻找精神家园
——大学生为什么要加入中国共产党

第八章

一、共产党员应具备什么素质

小　夏：师兄，你入党了没有？

小　李：不好意思，前几天刚刚成为预备党员，还落后得很。

小　夏：要我说，能入党也证明你是一个时代先锋，优秀啊！能不能谈谈党员应该具备什么素质？让我也接受一次非正式的党课教育。

小　李：我做得还远远不够。不过就我的理解，做一个真正的共产党员还是很不容易的。首先，为人民群众谋利益是共产党人最基本的信念，这一条是最重要的。

张老师：全心全意为人民服务是我们党的根本宗旨，是作为一名党员应该具备的基本信念。

小　夏：我记得一个雷锋的故事。说他外出坐车，发现一位大嫂丢了车票，没法回家。于是他就用自己的钱买了一张车票送到大嫂手中。当大嫂感激地问他的姓名和地址时，雷锋却说："我叫解放军，我住在中国。"这是怎样的一种境界啊！

小　李：其实各行各业中，有许多优秀的党员，每时每刻都有感人的故事发生，只不过我们没有留意。2012年7月2日，通州建筑总公司第十分公司烟台驻地发生火灾，27岁的副总经理、预备役军人周江疆，义无反顾地两次冲进火海，组织员工撤离。最终，10名员工都获救了，周江疆却不幸遇难。这位家庭财产过亿的帅小伙，被人们称作"最美高富帅"。

张老师：许多共产党员一生勤勤恳恳，在自己平凡的岗位上一干就是几十年。他们任劳任怨，从不计较个人得失。这样的例子很多，如在四川甘洛县乌史大桥乡二坪村工作的小学教师李桂林、陆建芬夫妇，20年扎根于峡谷绝壁上的彝寨，把知识的种子播撒在那里，为村民告别文盲架起了一座桥梁。又如雪域高原上的邮递员王顺友，每天独自行走在马班邮路上，为当地人民投递报刊、信件、包裹，没有出现过任何差错。20多年来，他总计行程30多万公里，相当于21次两万五千里长征。这些优秀党员在成为大众关注的焦点之前，哪一个不是默默无闻？为了国家和人民的利益，他们日夜坚守自己的岗位，这正是共产党员为人民服务精神的体现。

小 李：在我看来，各行各业之所以涌现出那么多优秀党员，发生那么多感人事迹，一个重要原因，就是党员具有强烈的事业心和责任感。

小 夏：事业心和责任感是普通人也应该具有的品格，不是党员的专利。这一点，只要看一下身边无数的非党员工作者就可以知道。那些辛勤的清洁工人有多少是党员？那些起早贪黑的出租车师傅有多少是党员？那些建筑工人呢？那些朴实的农民呢？

小 李：你说得没错。有事业心和责任感的不一定全是党员，但就党员来看，事业心和责任感在他们身上确实表现得很突出。大家都知道那个"宁肯一人脏，换来万家净"的掏粪工人时传祥，是全国著名的劳动模范、北京市政协委员。作为党员，他以身作则，以苦为乐，把一生献给了环卫事业。20世纪50年代掏粪是一个纯体力活,仅背在肩上的粪桶就有10多公斤,装满粪足有50多公斤。时传祥总是这样不停地掏了再背,一天的总重量竟达5吨。谁不知道掏粪是又脏又累的工作,对这种工作有什么兴趣可言?但时传祥却始终坚守着自己的岗位。在1959年的劳模会上,国家主席刘少奇拉着时传祥的手说:"老时呀,你当掏粪工是人民的勤务员,我当国家主席也是人民的勤务员。这只是革命工作分工的不同。我们都要在各自的工作岗位上好好为人民服务。"

张老师:事业心和责任感是每一个人都应该具有的品格,但对党员来说应该表现得更强烈、更突出。作为党员,还需要培养较强的做事能力。能干事、干好事是共产党人的一贯追求。

小 李:共产党员是群众中的优秀分子,他们本身就具有很强的干事能力。被誉为中国武警"十大忠诚卫士"之一的昆明支队副支队长方红霄,在经过严格的武警训练后,最初被派往车站负责缉毒工作。凭着过硬的职业素质,他能通过"看、听、闻、摸"四大绝招分辨旅客的籍贯、出行目的、有无嫌疑。6年间,他和战友共抓获800多名犯罪分子。后来,他又到中国武警指挥学院深造。毕业后,方红霄依旧不忘给自己"充电"。他广泛涉猎"军事战术学"、"反恐战法研究"等专业知识,理论和实践相结合,在缉毒工作中屡建奇功。

张老师:看一下党史,就知道我们党究竟是一个怎样的党。从中共一大的50多名党员,到新中国成立时的400多万,到今天的8000多万;从最初领导工人罢工到参加北伐战争,从南昌起义到三湾改编,从抗日战争到解放战争,从新中国成立后恢复国民经济到改革开放,再到今天全面建成小康社会的目标,这一切无不体现出我们党是一个能干事而且能干好事的党。

小　李:前面我们说的农民科学家李登海的事迹很有代表性。1974年,李登海去莱阳农校学习。1979年,他培育出"掖单2号"玉米新品种,创下了我国夏玉米单产776公斤的纪录,而当时我国普遍的玉米亩产量只有300多公斤。从此,中国夏玉米亩产纪录不断被李登海刷新。1989年,他的"掖单13号"亩产1096公斤;2005年,他的"超试1号"以亩产1402公斤的成绩刷新了世界纪录。李登海的成功引起了美国先锋公司的注意,先锋公司试图以合作并控股的方式收编李登海的种业公司。李登海认为,种子是一个国家的战略资源,我们必须保持控股权。经过6年多的谈判,先锋公司最终让步。在新成立的登海先锋种业有限公司中,中方控股51%,李登海出任董事长。虽然李登海与美国人"斤斤计较",但他对国家和人民却慷慨大方。他先后将几十年来总投资两亿多元培育出来的30多个紧凑型玉米骨干自交系,无偿捐给全国农业院校、农业科研单位使用。他选育的高产品种为国家增产粮食1000亿公斤,创造经济效益1000多亿元。能干事、干好事在李登海身上得到完美的体现。

小　夏:听到优秀党员的感人事迹,心中十分敬佩。江姐受尽敌人严刑拷打也不透露党的任何信息,被特务杀害时年仅29岁;董存瑞用生命托起炸药包炸毁敌人的碉堡,牺牲时年仅19岁;面对敌人铡刀拒绝投降的刘胡兰,就义时年仅15岁。

小　李:牺牲奉献是共产党人的高尚情怀,是共产党人为人民服务的最高体现。

张老师：我们党在不同历史阶段有不同的历史使命。革命战争时期，党的历史任务是打倒旧军阀，驱逐日本法西斯，抗击国民党反动派。那时候，党员流血牺牲是寻常之事。新中国成立后，由于党的历史任务转移到社会主义建设上来，牺牲奉献有了新的表现形式。

小 李：被誉为"中国航天之父"、"中国导弹之父"的科学家钱学森，新中国成立前是美国加州理工学院的教授。新中国成立后，他放弃了美国丰厚的经济待遇和优越的科研条件返回祖国，在国内独立科研机构缺失、专业技术人员匮乏的条件下，克服重重困难，不但成功研制了"东风二号"导弹，还研制出中国首枚原子弹，发射了中国第一颗人造地球卫星。面对荣誉、地位和金钱，钱学森处之泰然。此外，他还将自己的科研稿酬作为党费全部上交组织，多次将自己的财产甚至房产捐出，支援国家建设。我想，这是和平时期牺牲奉献的杰出表现吧。

张老师：是的。"铁人"王进喜在石油战线上忘我拼搏、艰苦奋斗；豫剧大师常香玉义演180多场，用募集到的资金购买飞机支援抗美援朝；被称为178个穷孩子的"代理爸爸"丛飞无偿捐助贫困山区的失学儿童；"赤脚医生"李春燕扎根山区救死扶伤；人民的好公仆焦裕禄献身兰考，把盐碱地变为良田……这些都是新时期涌现出的优秀共产党员，在他们身上，无一不体现着党员牺牲奉献的高尚情怀。

小 夏：既然这样，为什么要用"牺牲"两个字呢？

张老师：我们不要把牺牲理解得太狭隘。为祖国为人民的利益献出生命固然是牺牲，在自己的工作岗位上尽职尽责、公而忘私，也是牺牲。牺牲和奉献意思相近，它们都是强调把小我放入大我之中，在个人利益和集体利益发生矛盾时，以大我为重，以集体利益为重。

小　李：讲牺牲奉献，最基本的要求就是党员不以权谋私。也就是说，廉洁奉公是共产党人的道德底线。

张老师：廉洁的前提是俭。古人说"俭以养廉"，就是这个意思。毛主席的一双旧袜子补了又补，周总理的一身旧衣服穿了又穿。正是俭的力量，才使他们为政清廉。

小　李：为政清廉了，自然能公而忘私。新中国成立初期，周恩来总理搬进中南海西花厅。这是一套清朝乾隆年间的老式平房，潮湿阴冷。工作人员多次提出修缮，总理都不同意。有一次，趁总理出差在外，工作人员对西花厅进行了维修。周总理返回后，坚决撤掉了新添置的地毯、沙发、窗帘、吊灯等设施，说，他身为总理，带一个好头，影响一大片；带一个坏头，也影响一大片。事后，他还主动在国务院会议上做了3次检讨，并且对到会的其他领导人说："你们千万不要重复我这个错误。"

小　夏：我还看到一个报道，说素有"铁法官"之称的谭彦就是新时期廉洁奉公的典型。他在审理案件时，坚持以事实为依据，以法律为准绳，不为钱财所动，不为人情左右，更不向恐吓低头。他常说："人民法官头顶国徽，肩扛天平，绝不能在我们手中办一起错案。"当朋友托关系谋私时，他一口回绝，说，不是他不给面子，同学、朋友的情再大，也没有法大，不能让肩上的天平倾斜。

小　李：廉洁奉公是对党员干部的基本要求。

张老师：这就要求党员应时常加强自律，时刻做到自重、自省、自警、自励。

二、入党是对共产主义理想信念的一种认同

小　李：从历史的角度看，共产主义价值观具有强大的号召力。

张老师：是的。人类对美好未来进行过无数次探求，比如中国的大同世界、桃花源，西方的乌托邦、和谐社会、公社制度。但只有马克思提出的共产主义社会才是最具有科学性的人类预言。无数党员就是因为对共产主义价值观的认同才加入中国共产党的。

小　李：这方面的例子很多，早期共产党人邓中夏，出身于官僚地主家庭。他曾拒绝父亲为他在北洋军阀政府找到的一个待遇优厚的差事，明确表示要为广大民众谋利益，绝不为一己私利单独发财。在李大钊的领导下，他组织马克思主义研究会，并加入了中国共产党。又如彭湃，他出身于大地主家庭，自述家况是："被统辖的农民男女老幼不下千五百人。我的家庭男女老幼不上三十口，平均一人就有五十个农民做奴隶。"为了寻求救国真理，他东渡日本求学，曾一度研究宗教，探讨无政府主义。后来，他从日本社会主义者那里了解到马列主义，开始学习《共产党

宣言》、《社会主义问题研究》等。回国后，他积极宣传马克思主义，并于1924年加入中国共产党。所以，我们说，入党就说明你承认党的章程，成为一个信仰马克思主义的人，愿意为了实现共产主义这一人类最远大的理想而奋斗终生。

小　夏：2010年世博会期间，上海各高校的大学生纷纷报名参加世博志愿者活动，其中，党员居大多数。很多同学顶着烈日在展览区一站几个小时，条件艰苦暂且不说，有时还会碰上态度恶劣、不友好的游客。为了向世界人民展示中国的形象，让世界人民感受到世博的精神，他们不计个人得失，始终以饱满的热情坚守自己的岗位。我想，这就是对共产主义价值观的认同。它不需要惊天动地的举动，时时处处体现在我们日常的行动中。

张老师：作为党员，树立牢固的共产主义理想和信念是非常重要的。党领导的中国特色社会主义建设的成败，关键要看全党有没有凝聚力，而实现共产主义的理想和信念就是把全党凝聚在一起的精神信仰。

小　夏：应该怎样加深大学生对党的认识呢？

张老师：我觉得有三个方面，就是学习、思考、实践。学习就是要学习我们党的理论，从理论上认同党的路线、方针、宗旨、目标；思考就是要多观察现实，多比较历史，看我们的党是不是实践了为人民服务的宗旨；实践就是要积极地投身到广阔的现实生活中，从现实的发展进步中加深对党的了解。

小　李：2002年《党员特刊》上刊发的文学锋的故事很有代

表性。文学锋是国防科技大学1999级硕士研究生，在此之前他已是预备党员。当预备期满后，他却拒交转正申请。党支部派人找他谈话，他说，理想中的党与现实相距太远，他愿意做一个党外"党员"。消息传出，震动了整个校园。有人认为，文学锋视入党为游戏；有人认为，他自视清高；有人认为，他敢于讲真话，是追求真理的表现。学校领导没有放弃文学锋，他们认为，这是新一代知识分子成长过程中的一种现象。他们积极地把这一事件上升到能否把青年知识分子吸收到党内的高度来认识，并满腔热情地对他进行引导，这一切使文学锋深受教育。2001年3月，他重新写了入党申请书，但"觉得有些问题还没想清楚"，未向党组织递交。江泽民同志在庆祝中国共产党成立80周年大会上的讲话发表后，文学锋的心灵受到巨大冲击。他"一下子找到了理想与现实的平衡点"，"有一种茅塞顿开的感觉"。他把七一讲话一连学了4遍，还通读了《论"三个代表"》等著作。2001年秋季一开学，文学锋把那份存放了半年之久的入党申请书交给了党组织。他在思想汇报中写道："'讲话'围绕建设一个什么样的党和怎样建设党这一根本问题所作的系统阐述，澄清了我长期以来的许多疑虑与困惑。同时，'讲话'让我明白了一个看似简单却很容易忘记的道理：看待事物先进与否，不但要看它的现状，更要看它的发展方向和未来。中国共产党是大有希望的党，这样的党值得我追随。"2001年12月，文学锋重新成为一名中共预备党员。

三、入党是奉献社会、服务社会责任感的强化

小　夏：《党员特刊》上所讲的文学锋，是个品学兼优的学生。他在拒交党员转正申请时说，在党外做一个合格的"党员"，也照样能为党、为社会作贡献。按照他的这一思想认识，奉献社会、服务社会是不需要入党的。他为什么最后又选择入党了呢？

张老师：这是因为入党可使服务社会、奉献社会这一责任感强化。

小　李：这一点我深有体会。入党可使一个人的思想发生转变，最明显的就是自律意识的增强和主人翁意识的提高。它促使我们积极主动地奉献社会，服务社会。

张老师：虽然入党与否不一定就影响一个人对社会的服务奉献，但现实生活中，确实有许多人在入党后发挥着模范带头作用。他们用自己的行动影响带动了一大批人，使人们更加以无私的精神投入到自己的工作中去。这里有个很好的例证：哈尔滨市道里区太平镇立权村的村委会主任李成任，热爱党，热爱家乡。他说："我很想入党，就是想真正为大伙干点实事。"自从2000年当选村委主任以来，他便忙着为村里人修路、还外债、搞新农村建设、引进奶站、帮养牛户卖牛、帮农民贷款，等等。一件件实实在在的事，赢得了村民的赞誉。然而，对李成任来说，入党却不是一帆风顺的。从2000年向党组织递交第一份入党申请书，到2007年光荣加入中国共产党，其间他写了三次申请。为了接受

党组织的长期考验，他发奋工作，废寝忘食。搞新农村建设时，他整整三个月没有回过一次家。鞋子穿坏了三双，衣服穿破了两件，甚至胡子长得老长也没时间刮。区里领导要求3天内把村里的垃圾清理出去，他只用了5个小时；要求4天完成道路改造，他只用了2天。在他的带领下，立权村发生了质的变化。李成任回忆起这段入党经历时，这位朴实的东北汉子哽咽着说："8年了！整整8年啊，我要求入党已经8年了，光入党申请书就写了3次，可……直到去年我才入党。如果入不了党，我死都闭不上眼……我入党不是为当官，就是想为大伙儿做点儿实事。"

四、党组织是实现个人价值的重要平台

小　夏：刚才谈到的村委主任李成任，不入党同样能为村民办事，同样能赢得大家对他的认可。

小　李：可是，如果他入了党，说明在赢得村民认可的同时，还赢得了党对他的认可。这是更大范围、更高层次的认可，是社会对他的一种肯定。许多人积极要求入党就是这个原因。他们已经是本行业的杰出代表，可是还需要一种更具先进意义的社会认可。

张老师：《党章》中指出，中国共产党是中国工人阶级的先锋队，同时是中国人民和中华民族的先锋队。而中国共产党党员是中国工人阶级的有共产主义觉悟的先锋战士。就是说，党员与一般的公民是不同的。党员不仅要信仰共产主义，同时还必须是社会中的优秀分子，是具有先锋意义的成员。所以《党章》也要

求党员坚持党和人民的利益高于一切，要吃苦在前，享受在后，克己奉公，多作贡献，在一切困难和危险面前挺身而出，英勇斗争，不怕牺牲。

小　夏：这就是说，党员不是一般的公民。据一份统计数据表明，历年全国五一劳动奖章获得者，80%以上是共产党员。为什么同是各条战线上的劳模，共产党员占绝对比重呢？

张老师：这一方面说明我们的党员在社会生活中确实起到了模范带头作用，是我们民族的先锋战士。另一方面也说明，党组织能够为党员提供更高的社会服务平台，个人价值的实现有了更好的条件。特别是在日常工作中，党组织由于自身的先进性，能够发挥带头、示范、组织的核心作用，这对个人的成长是非常重要的。我们工作中往往有许多急、难、险、重的任务需要完成，而党员时时处处起着先锋模范作用，因此这些艰巨的任务总是交给党员。这种锻炼对个人来说更是一种考验，你经受住了考验，你就向先进性更靠近了一步。2003年"非典"时期，我们的白衣卫士用大无畏的敬业精神谱写了一曲爱的赞歌。据中组部的一份报告，截至当年5月31日，全国防治"非典"工作第一线共有108 622名医护人员提出入党申请，其中27 689人被接收为预备党员。在危难时刻，他们以入党主动担当起更重的责任和使命，而党组织以接受他们入党的方式对他们的行为予以最大限度的肯定。

CHAPTER NINE

第九章 民族复兴 舍我其谁
——当代大学生的责任与使命

第九章

一、当代大学生应该具备的基本素质

小　夏：我也面临着将要毕业的问题，老师和师兄赶紧给我指点指点吧！

张老师：作为大学生，首先应该加强自身综合素质的培养。现在是知识经济时代，科学技术高速发展，竞争日趋激烈，没有过硬的知识储备，是很难立足社会的。

小　夏：张老师，那您给我们说说现在的大学生应该怎样加强自身综合素质的培养，才能应对日趋激烈的竞争？

张老师：这个问题提得好。首先，应该珍惜时光，好好学习，有扎实的知识储备。大学时期是一个人学习的黄金时期，学习是大学生活的主题。知识可以改变人的思想、素质、修养、面对困难的心态，以及解决问题的能力，所以在校大学生应该抓紧时间，扎扎实实地储备各种知识，不断拓展自己的视野，完善自己的知识结构，学好专业知识及其他各类知识，为走向社会做好充分的准备。

小　李：还要具有"人无我有，人有我优"的一技之长。

张老师：对。不可一业不专，也不可只专一业。掌握了一技之长你就有了参与社会竞争的第一筹码，就等于获取了竞争特殊专业岗位的入场券。但是有了这些还远远不够，还要做好终身学习、更新知识结构的充分准备。除了具备扎实的知识，大学生还应该加强个人道德品质的修养。

小　夏：美国哥伦比亚大学商学院专门开设了一门关于道德

规范的必修课，给学生讲解运用什么方式赚钱才合理。哈佛大学也在引导学生思考一些重要的道德问题，为学生介绍一些这方面的好书。

小　李：前一段时间发生的小悦悦被撞，路人漠视，药家鑫开车撞伤人又连刺数刀致对方死亡以及北大硕士生殴打父母等事件，无一不在挑战国人的道德底线。还有，现在出门常常碰到排队加塞儿、公交车上抢座位、为鸡毛蒜皮的小事吵架，或者是乱扔垃圾等不文明行为。

张老师：现在是有那么一些人忽略了做人起码的道德准则，变得自私冷漠，甚至丧心病狂。但我们应该看到社会主流。新闻媒体上不是常常出现"最美"的平民英雄么？杭州的"最美司机"吴斌在高速路上被意外飞入车内的铁块击中，肝脏破裂，三根肋骨折断，但他在生命的最后1分16秒，依然不忘一个高速大巴驾驶员的职责和本分：他靠边停车，拉起手刹，打开双闪，确保了全车24名乘客的安全。黑龙江的"最美教师"张丽莉，在车祸发生的瞬间，奋力推开学生，自己却被失控的汽车轧断双腿，高位截肢。还有勇救轻生女的"最美的哥"李泽勇、烟台的"最美女孩"刁娜、杭州的"最美妈妈"吴菊萍，等等，不胜枚举。许许多多平民英雄的举动，不能不令我们感动。

小　夏：还有山东青州的年轻军官沈星，面对不慎落水的少年，立即跳入水中，用尽最后一丝力气将少年托出水面，交到前来帮忙的人手中，自己却沉入河底，献出了31岁的年轻生命。山西忻州女孩李志敏，在北京街头为衣衫褴褛的乞丐做人工呼吸，

2012年1月在中央电视台的《新闻联播》播出，一时间李志敏成为人们心中的道德楷模。看来世上还是好人多。

小　李：对了，湖南卫视《帮助微力量》播出过山西原平一对"草根"老夫妇陈天文、郭改然。他们靠自己微薄的收入，22年含辛茹苦，收养了40名残疾儿童的事迹。

张老师：就在我们大学生身边，也有许多这样的例子。2011年全国道德模范、江苏南京晓庄学院大三学生王景光，利用兼职打工赚的钱资助家乡失学儿童上学，值得学习。

小　夏：对。在这届全国道德模范中，年龄最小的是山西临汾女孩孟佩杰。她5岁时，生父遭遇车祸身亡，生母重病，将她送人抚养。她8岁时，养母瘫痪，养父出走，从此她开始当家。17岁时，她考上了山西师大，背着养母上大学……她被称为"90后孝女"、"最美的女孩"。

张老师：中国一向是讲求道德的"礼仪之邦"。虽然社会上发生了一些道德缺失的事件，但我们不能说全中国就变成"道德沙漠"了，毕竟还有拾荒的陈阿婆，还有许许多多的志愿者，还有地震捐款、重灾重病捐款的许许多多义举。应该说道德是一种内在的自觉行为。普通人的道德勇气不仅源于个人的自觉，更需要社会的呵护和激励。作为大学生，要承担建设祖国的重大责任。正因为当今社会上存在许多不文明、不道德的行为，我们才更应该加强自身道德品质的修养。你们说说看，应从哪些方面培养自己的良好品德？

小　夏：我觉得应该诚实守信，团结同学，养成乐于助人的优良品质。

小　李：我觉得还应该树立积极向上、乐观自信的人生态度，培养对自己负责，把握自己命运，不随波逐流，甘于奉献他人、奉献社会的精神。还要从我做起，从现在做起，从小事做起。

张老师：很好。古人说"修身齐家治国平天下"，先修炼自己的品德，加强自身素养，才能齐家，才能治国、平天下。司马光说过："才者，德之资也；德者，才之帅也。"有才有德、德才兼备，才能很好地报效祖国，服务社会。

小　夏：我看了一本书，叫《把信送给加西亚》。它通过罗文将信送给古巴起义军领袖加西亚将军的故事，给人们讲述做人的道理。

张老师：这本书讲述的不是罗文的军事才能，而是他身上表现出来的那种崇高的道德品质：使命感、责任感，服从力、行动力。这是一个人获得成功的必备品质和能力。现在大学生都感叹就业难，创业更难，其实应该学学罗文的精神，不辜负上级的托付，不找任何借口，绝不推诿责任，立即行动，克服种种困难与阻力去完成任务。这样才能赢得周围人的尊重与信任，赢得社会的认可，最终拥有成功的人生。

小　李：是啊。现在有不少大学生，一提竞争就牢骚满腹，说老一辈生活得很安逸，叫我们这一辈竞争没道理，竞争就是没有就业机会的代名词。

张老师：你们这一代大多是独生子女，从小生活得比较安逸，没有经过大风大浪的锤炼，也没吃过什么苦。但渴望成才的心情几乎是人人都有的。走向社会就是锻炼自己、施展才华、实现理想的第一步。

小　夏：张老师，那您说大学生在走向社会之前，除了具备上述品质以外，还应该具备什么样的能力？

张老师：联合国教科文组织关于成才的标准规定得很清楚：学会做人，学会做事，学会相处，学会学习。学会做人是对道德品质的培养，首先是要使自己成为一个对社会有用的人。学会做事，就是要求我们要有办事的能力。你不能光会嘴上说，却什么也做不了。只想做大事、做轰轰烈烈的事，对小事不屑一顾，大事就和你无缘了。不要以为手中的文凭就是一把万能钥匙，想开哪把锁就能开哪把锁。现实情况并不是这样。你得不断调换自己手中的钥匙，去打开现实工作中不同的"锁"。聪明者善于调整自己，只有愚蠢者才怨天尤人。学会做事，还要有恒心和毅力，有罗文那样强烈的责任意识和执行力。

小　李：我觉得还有一个很重要的方面，就是要学会与人相处。

张老师：没错。小李，你在社会上已经有了实践经验，给我们谈谈自己的体会。

小　李：我觉得，首先，应该关心、尊重他人。其次，要善于沟通，学会倾听。第三，要用宽容、开放的心态与人相处，就是多看别人的优点，学习别人的长处。张老师，您说对不对？

张老师：你总结得很好。与人相处要做到"两多两不"：多赞美、多激励，不抱怨、不指责。

二、对国情民情的正确把握

张老师：个人素质的提高，也包括对国情民情的了解和把握。我们的大学生基本上是在校园读书，缺乏对社会的了解。

小 李：我国现在处于社会主义初级阶段，并且将长期处于社会主义初级阶段，所以，发展生产力是当前中国的根本任务，改革开放是当前中国的时代特征。

小 夏：可是2010年中国GDP总量超越了日本，成为仅次于美国的第二大经济体。西方主流经济学家甚至预测，少则10年多则20年，中国经济规模就可能超过美国了。

小 李：中国经济总量虽然超过了日本，但人均GDP却只有日本的1/10。所以，我们这个世界第二的含金量并不高。而且，目前还存在许多问题，比如物价上涨、社会财富分配不公、贪污腐败、房价高得人们买不起，以及就业难、看病难等问题。因此，这些民生问题解决不好，就会严重影响中国经济的持续发展。

张老师：没错，中国处于并将长期处于社会主义初级阶段，我们的祖国正在飞速发展，这也不假。对于我国的实际情况，我们既不能妄自菲薄，也不可盲目乐观。首先，中国还是个发展中国家，近年来经济飞速发展，总量已经跃居世界第二。其次，我国是个农业大国，虽然幅员辽阔，耕地却不多，仅占全球耕地面积的7%，却要养活全球1/5的人口，基本解决了温饱问题，这是件十分了不起的事情。第三，改革开放30多年来，在政治、经济、文化领域已经创建了属于自己的发展模式，在消除贫困、改善民生、实现现代化等方面都取得了举世瞩目的成就。

小 李：对啊。我在村里，对于民生方面取得的成就深有体会。就拿我在的那个村来说，以前大家得走很远的路去挑水，现在好了，自来水一直通到了锅台边，老人、小孩也不用发愁了。以前路面一下雨就沾泥带水，现在好了，娃娃们穿上滑板鞋一出门就溜开了。以前看病不方便，现在好了，村里有了合作医疗，看病不但方便，还可以报销。

张老师：从这些变化可以看出我们国家的发展和进步。但是，我们遇到的问题也很多。在世界多极化、经济全球化、经济文化一体化越来越明显的今天，我国仍面临着许多困难和挑战，要在这么一个人口众多、幅员辽阔的国家全面实现现代化实属不易。我国的改革开放走过了30多年，已进入深水区和攻坚期，稳增长、控物价、调结构、惠民生、抓改革、促和谐的任务还很艰巨。作为当代大学生、未来中国的建设者，正确把握国情、民情十分必要。

小 夏：张老师，您说在这些方面，我们应该注意什么？

张老师：首先是要多接触社会。最近几年的大学生暑期"三下乡"活动，就是接触社会、了解社会、体验生活的好机会，你们应该好好把握。只从书本上了解社会是有局限性的。

小 夏：对。如今，大学生中流行暑期三件事：学习、打工、三下乡，这是我们了解我国国情民情的大好机会。

张老师：其次要多读书。除了你们课程规定的内容外，要在课余时间多读点历史书。不仅要读关于中国历史的书,还要读一些世界史的书,这样才能从总体上对人类的发展进程有比较好的了解和把握。特别重要的是,你们要掌握了解国情民情的好方法。

小 李:张老师,您给我们讲一讲。

张老师:我有几点体会可供你们参考。一是要用发展的眼光看问题。比如,中国与过去比,有什么地方进步了,还存在什么问题?二是要用对比的方法做研究。比如今天和过去比,中国和发达国家比,和发展中国家比,等等。三是要用历史的眼光来分析问题。比如,中国今天处于一个从传统社会向现代社会转型的历史时期。那么,那些已经完成转型的先发国家在相同的历史阶段,遇到了什么问题?和中国有什么不同?是怎么解决的?我们能不能借鉴?这些都很重要。

小 夏:张老师,您这么一说,我想起来了。比如美国,他们在进入工业化之初,也出现了非常严重的污染问题。19世纪后半期到20世纪初,美国经济被一些大公司把持,不仅大企业可以为所欲为,各种中小企业也不受任何制约。企业在生产过程中造成了严重的环境污染。同时,对食品、药品的监管也出现了问题,食品和药品安全成了一大社会问题。

张老师:在社会转型期,这些问题的出现是一种比较普遍的现象,那些先发国家都遇到了这样的问题。如果我们了解了人类历史发展进程中这些具有普遍意义的现象,就会对中国今天的情形做出正确的判断。我觉得至少要考虑这样几个方面的问题:首先，我们不能说环境污染和食品安全问题的出现是理所当然的。我们要采取积极的措施来加强管控，完善制度。其次，我们不能因为这些问题的出现就质疑中国的现实，更不能简单地说中国选择的发展道路是错误的，由此而丧失实现民族复兴的信心。再次，要看到我们解决这些问题所做的努力和取得的成效。发达国家在这些问题出现后，均采取了积极的措施，使污染和食品安全问题得到改善。我们国家也同样在这些方面做了大量的工作，成效正在显现出来。

小　李：比如山西，好多人以为污染很严重。但是这些年，山西的森林覆盖率每年增加一个百分点，在水资源保护方面也做了许多工作，如大水网建设、汾河治理工程等。现在地下水的水位呈逐年上升的态势。许多外地来的客人看到现实中的山西后都感叹和他们想象中的完全不一样。

张老师：所以，了解国情民情，要有正确的方法，不能抓住一点不及其余。

三、培养面向世界、面向未来的战略眼光

小　李：我们之所以看问题有些片面，是因为我们眼光放得不够远，视野还不够开阔。

小　夏：我也觉得我们读的书少，认识问题不够全面。

张老师：对。当今是全球化时代，中国正以开放的姿态迈向世界，积极地与世界各国开展交流与合作。2006年全国科技大会上，党中央、国务院明确提出建设创新型国家的战略目标。创新

型国家的建设关键在于培育创新精神和实践能力，培养具有国际视野，能够参与国际竞争的高素质人才。当代大学生应该具备这样的国际视野。我们的视野有多大，很关键。举例来说，我们看问题，从个人利益出发，视野会很狭窄；若从国家利益出发，你的视野就会非常开阔；若能站在世界的范围内考虑问题，比如粮食问题、气候问题，视野会更宏大，有助于你更为客观地认识问题。既清楚我们的优势，也清楚我们的不足。这样就能找准我们在全球的定位，就既不会妄自菲薄，也不会盲目乐观。

小　夏：张老师，我们怎样才能具备面向世界、面向未来的战略眼光呢？

张老师：简单地说，我觉得要有从人类历史发展的全过程来分析问题、解决问题的眼光。首先是要培养自己从纵向维度来看问题的能力。这里强调的是一种历史意识、历史眼光。就是说，要在了解人类发展历史进程的阶段和规律的前提下，对中华民族在人类发展历程中取得的成就有清醒的认知，对中华文明对人类的进步和发展作出的贡献有清醒的认知。在这样的基础上，对我们目前所处的历史地位、面临的任务和挑战等才能有比较正确的认知，我们才能客观地认识中国现在正处在什么样的发展阶段，应该如何应对发展中出现的问题。

小　李：您刚才讲，我们正处在从传统社会向现代社会转型的历史阶段。

张老师：对。人类在发展中总是从比较低的社会层面向比较高的社会层面进步。在这一进程中，不同的民族、国家因为其历史、地理、文化等的不同，其发展步伐也是不同的。如欧美国家，大部分是先发国家。而现在所谓的发展中国家则属于后发国家。也就是说，这些国家还没有完成从传统社会向现代社会的转型。这些不同的国家，在发展中处于不同的阶段，遇到的问题不同，解决的方法也各异。因此，我们不能强求一律用同一种模式来解决不同的问题。另一方面，因为先发国家在发展中积累了很多的经验，其中也有许多教训。这也为后发国家提供了参照，后发国家可以借鉴这些国家的做法，避免重蹈覆辙。

小　夏：我看一些著作介绍美国的发展，其中有一个很重要的现象就是美国的进步是与其不断地调整经济发展模式相关的。

张老师：对。现在我们提出的要以转变发展方式为改革的主线就是这个意思。如果我们不能积极主动有效地调整，那么，就可能陷入所谓的"中等收入陷阱"。这是非常深刻的教训。

小　李：通过这种具有历史意识的分析，我们就可以进一步增强民族自信心，更加清楚地确定我们所处的历史阶段和面临的任务、挑战。

张老师：这是从纵向方面来考虑，另一方面要具有横向比较的意识，这是一种现代意识和现代眼光。从世界发展的大趋势来看，我们处在什么地位？全球最先进的发展态势是什么？我们能否跟得上或者在某些领域处于领先地位？发达国家的战略意图和手段是什么，等等，都应该有清醒的认识。

小　夏：从这样的角度来看，我们的优势是经济总量比较大，增长幅度比较高，与全球经济的融合度比较好。同时，创新能力在增强。

小　李：还有一个很重要的因素是，中国人特别是中国政府，保持了比较清醒的头脑，确立了适应中国国情和世界发展趋势的发展道路、政治体制，这是中国进步的根本保障。

张老师：但是我们也存在很多问题。比如我们说中国是一个巨大的市场，这是因为中国人口众多，有庞大的消费市场。但是这种优势从另一方面来看，也可能成为劣势，会使资源匮乏，社会管理的难度加大。所以很多事情我们还不能简单地套用发达国家的经验，还必须与中国的国情结合起来。

小　夏：从横向比较来看，除了认识到我们发展的优势和劣势外，我觉得先发国家在经济发展方式、技术指标、社会管理等方面的经验均可供我们参考。当然，不是简单地搬用。可通过产权交易、版权贸易等方式学习、引进发达国家的先进技术和做法，这样我们在发展过程中就可以少走很多弯路。

张老师：在我们从纵的和横的两个维度进行分析比较之后，就可以清楚地分析我们目前所处的历史方位和面临的任务、挑战，从而确立我们自己的发展道路，明确我们未来发展的方向。

小　李：党的十八大明确提出，要坚定不移地沿着中国特色社会主义道路前进，为全面建成小康社会而奋斗。这就是我们的现实任务和历史使命。

张老师：建设中国特色社会主义道路，既是在总结中国的历史和实践的基础上提出来的，也是着眼于世界发展潮流提出来的。走社会主义道路，就是要避免发达国家在发展过程中因主要依靠市场调节、发展依赖资本推动出现的财富向少数人手中高度集中的问题,以及由此而引发的周期性经济危机带来的社会动荡。更加注重社会的公平和公正,更加注重解决民生问题、社会和谐问题等。中国特色就是要充分认识中国自身的特点、历史、文化、经济基础、发展阶段等,确立自己的发展道路,适应中国人口众多、地域广阔、资源不足、风俗不同的特点。所以,这一发展道路的确立,是基于对世界和中国历史文化的深刻分析、对国际发展未来走向的正确认知、对中国现实的准确判断基础上提出来的。我们要培养自己面向世界、面向未来的战略眼光,必须对人类发展的历史和未来有清醒的认知。

四、传承与创新中华文化

小　李:中国的经济不断增长,使中国的实力得到了增强。但是,要实现民族的复兴,仅仅靠经济快速发展还不行,必须同时实现文化的大发展大繁荣。

小　夏:近来,文化的发展繁荣成为人们关注的一个重大问题。我曾经看到一份资料,英国前首相撒切尔夫人认为,中国不会成为一个强大的国家,因为中国只出口电视机,而不出口电视剧。这就是说,中国只有经济份额的影响力,而没有文化的影响力。

张老师:任何国家的兴盛,固然与其经济的高速发展有密切的关系,但是如果没有文化的繁荣,也是不可能的。比如英国,曾经被认为是日不落帝国,其殖民地遍及全球,一度是世界经济最强大的国家。同时，英国也出现了诸如亚当·斯密等产生过重大文化影响力的大师。直到今天，其所谓"看不见的手"仍然具有重大的影响。实际上，我们除了生活在物质环境中之外，还生活在一个文化话语权环境之中。从某种意义来看，话语权具有更大的影响力。所谓强国，不仅指经济实力强，文化实力也同样要强。

小　李：翻一下中华文明史，我们就会惊叹祖先创造的历史奇迹。

小　夏：是啊。古老的殷墟甲骨，蕴涵先民的智慧。汉代国力昌盛，人口近6000万。唐代都城长安，其经济的产出与拥有竟超过了当时全世界经济的总和。宋朝人口逾亿，出现了对世界文明产生重大影响的火药、指南针、活字印刷。明代中前期，郑和七下西洋。还有，1800年的时候，清朝的制造业产量占世界总产量的1/3。乾隆时期编纂的《四库全书》，涵盖文、史、哲、理、工、医等多个学科，收集各类书籍3460多种，计36 000多册，总字数约10亿，相当于同时期法国狄德罗主编的《百科全书》的44倍。

张老师：回顾历史，中华文明不仅是人类历史中唯一没有中断的文明，同时，也为人类文明的不断发展进步作出了重大贡献。

小　夏：张老师，您说说主要体现在哪些方面。

张老师：首先，中国的科学技术在相当长的时间里处于世界领先地位，并随着东西方文化的交流，对欧洲的发展产生了至为重大和关键的影响。所以有人说是中国的文化点燃了欧洲文艺复兴之火。其次，中国的思想文化如儒家文化、道家文化等，不仅成为人类历史上重要的思想基础，而且也对以欧洲为代表的西方文化产生了重大影响。特别是在启蒙运动时期，中国的文化对欧洲产生了不小的影响。

小　　夏：高连奎写的《为何美国是老大》一书中说，西方古典自由主义与中国文化有很深的渊源，其中"自由放任"一词即是源于老子的"无为"。法国经济学家魁奈第一次将"无为"翻译成"自由放任"。而魁奈的学生亚当·斯密继承了老师自由放任的思想，将"无为政府"形象地称为"守夜人"。

张老师：这也是一种证明吧。第三是中国文化独有的价值观和方法论具有强大的生命力和现实意义。如以人为本、天人合一、开放包容及辩证法、整体观、中庸观等，在今天看来仍然是非常重要的，是值得我们遵循的。第四是中国的国家观念、社会管理方式、人才选拔等制度层面的文化对欧洲的影响也非常大。比如科举考试，直接影响并形成了欧洲的文官制度。统一的国家体系也直接影响了欧洲民族国家的形成，等等。

小　　夏：既然中国的文化这么优秀，为什么今天又落后了呢？

张老师：原因很复杂。我以为主要有两点：一是经过工业革命之后，欧洲得到了飞速的发展，不仅在经济方面强大起来，在自然科学、文化思想、军事领域等方面的发展也很惊人。这种经济文化的快速发展为其价值观的传播奠定了坚实的基础。二是西方国家在文化方面的努力。一种是所谓的"西方中心论"，努力把西方民族塑造成天生优秀的民族，以各种手法，包括歪曲、杜撰、遮蔽历史等手法证明其优越性。另一种是所谓的"东方主义",从另一方面遮蔽、否认东方文明对人类特别是对西方文化发展进步的积极作用。强大的经济后盾和有目的的文化渗透,使我们对真正的历史模糊了,隔膜了。我们对西方确立的价值观、文化样式很熟悉,而与我们自己的文化却疏远了。

小　李：从这里我们也可以看出,一个民族,或者一个国家的发展进步,的确不仅是经济的发展,同时也伴随着文化的兴盛。

张老师：这就要求我们对中华文明有清醒科学的认知。一方面要认识到其伟大,认识到其在人类发展进步中作出的巨大贡献,认识到其对今天的发展仍然具有重要的现实意义；另一方面,也必须清醒地看到,我们文化中落后的、缺乏先进性的东西。我们说要创新中华文化,不是完全照搬套用老祖宗的文化,而是要立足于发展的现实,继承我们文化中具有生命力、在今天有现实针对性,同时能够与时代发展要求接轨的内容。要在吸纳西方文明及其他人类文明的前提下,形成能够推动中国发展进步的新文化,形成能够解决现实问题的价值体系。

小　夏：这样,我们就能让更多的人承认中华文明的价值观,从而增强民族文化的影响力。

张老师：我们所说的民族文化的复兴就是这个意思。复兴,不仅是经济上的腾飞,也是世界文化话语权的重建。我们谈传承、创新中华文化,其中一个重要的内容,就是要努力提高国家的文化软实力,增强话语权。

小　李："软实力"这个词,近来很流行。以前,人们常常看重领土、军备、武力、科技进步、经济发展等有形的"硬实力"在国家发展中的作用。现在人们更关注国民凝聚力、生活方式、意识形态、民族精神等这些无形的文化软实力。

张老师：是的。文化软实力已越来越成为影响国家竞争力的重要因素，凡综合国力较强的国家，其文化竞争力也很强。例如美国这个世界头号强国，目前控制了全球75%的电视节目和60%以上的广播节目的生产和制作。美国文化占网上信息资源的80%~90%。如果一个国家的文化处于国际中心地位，其他国家就会自动靠拢过来。如果一个国家的价值观支配了国际政治秩序，它就很容易在国际社会中占据领导地位。目前，中国的文化软实力仍然比较弱。我们必须进一步提高文化软实力，以增强我国的综合竞争力。只有这样，才能真正实现中华民族的伟大复兴。

小　李：我们要对人类优秀文化广泛借鉴吸收，通过文化的交融交流来实现中华文化的创新和发展。传承、创新中华文化对于民族的复兴具有决定性意义。这一责任不可推卸地落在了青年一代的身上。

五、为实现中华民族伟大复兴的中国梦而努力奋斗

张老师：中华民族是一个伟大的民族，创造了人类历史上最具有生命力的文明形态，并为人类的发展进步作出了巨大的、不可忽略的贡献。近代以来，我们落后了。但是，我们并没有自暴自弃，甘于落后，而是一直在努力奋斗，追求民族的伟大复兴。习近平总书记说："实现中华民族伟大复兴，就是中华民族近代

以来最伟大的梦想。"今天，中华民族已经进入民族复兴的前夜。历史将证明，中华民族将再一次崛起在世界的东方。

小　李：1840年以来，经过了鸦片战争、洋务运动、戊戌变法、辛亥革命、五四运动，一代又一代的人们为了实现这一伟大的中国梦抛头颅，洒热血，前赴后继，流血牺牲，无怨无悔。在党的领导下，我们取得了民族革命战争的胜利、新民主主义革命的胜利，建立了人民当家作主的新中国，取得了社会主义建设的辉煌成就，推进了改革开放，使中国以强劲的姿态重新出现在人类发展进步的历史舞台。尽管我们还面临许许多多的困难、挑战、考验，但是，我们相信，中华民族胸怀理想、信念坚定，有智慧、有能力在中国共产党成立一百年时全面建成小康社会，在新中国成立一百年时建成富强、民主、文明、和谐的社会主义现代化国家。

小　夏：青年兴则国兴。在这样的历史大潮中，我们的民族对青年，特别是我们大学生充满了希望和期待，历史的重任将无可推卸地落在我们这代人的肩上。我们不能辜负时代，不能辜负前人的努力，不能辜负中华民族伟大复兴的历史重任。所以，必须勇敢地接过历史的接力棒，为实现中华民族伟大复兴的中国梦而努力。这就要求我们要为承担这一历史使命做好准备。要培育完善自己的人格，要有坚实的知识积累，要有做好事办大事的能力，要为实现这一宏伟目标流几身汗，掉几层皮，用我们的青春、智慧来推动这一目标的实现，经得住历史的考验。朋友们，你准备好了吗？让我们挽起手来，出发！

后记

沧海桑田,岁月如歌。转瞬间,中国共产党走过了90余载光辉岁月。在不断开创马克思主义中国化的新境界中,党正领导全国人民在机遇和挑战中迈开新的步伐,走向实现民族复兴中国梦的历史征程。

青年兴则国兴,青年强则国强。党的伟大事业离不开青年一代的健康成长。大学生作为中国特色社会主义建设的生力军,怎样确立正确的理想信念,把个人的发展融入党和国家的千秋大业,成为中国特色社会主义事业的接班人,为中华民族的伟大复兴谱写更加壮丽的青春之歌,是时代赋予当代大学生崇高的历史使命。

充满希望的新时代,在向大学生展开广阔发展空间的同时,也给他们带来一个多变的新世界。他们必须经历从未经历过的困惑和迷惘,必须担负从未担负过的使命和重托。时代要求他们不仅要掌握好知识,更要树立正确的世界观、人生观、价值观;不仅要通过学习实践提升自己各方面的能力,更要培养起爱党、爱国、爱社会主义的真情实感，成长为国家发展、民族进步的栋梁。

本书针对大学生的知识结构和身心特点，围绕党的性质、历史、成就、挑战，以及大学生应确立怎样的价值观、如何面对现实问题、如何承担责任和使命等，就中国发展的历史和现实、大学生的理想与信仰等展开了一系列对话。

本书由中共山西省委宣传部策划。山西省委常委、宣传部长胡苏平同志根据工作需要提出编撰此书，并作了明确要求，交由山西省委宣传部副部长杜学文同志负责。杜学文同志拟订了撰写提纲，设计了全书的风格和编写方式，对全部文稿进行了重大修改。山西省社会科学院副院长贾桂梓同志组织有关研究人员进行编写，并审阅书稿。

山西出版传媒集团、山西人民出版社高度重视此书的编撰。李广洁、秦继华等同志为此书的问世付出了辛勤劳动。2012年6月，本书获国家出版基金资助。

这本小册子虽10余万字，却凝聚了多位学者的思想和智慧。本书各章编写人员如下：第一章：温万名；第二章：李国祥；第三章：郭秀兰；第四章：王文亮；第五章：常瑞；第六章：王国棉；第七章：侯玉花；第八章：耿振东；第九章：赵树婷。

由于种种原因，本书还存在一些不足之处。希望得到读者的批评指正。